阅读成就思想……

Read to Achieve

Entrepreneur's Handbook

这是创业早期的标准化范式读本 ＋ 为初创者提供加速的创业知识和技能

＝ 内容简洁而实用，堪称"精益创业"实务性、技能型手册

为创业而生

写给创业者的创业书（干货版）

［美］潘卡基·马斯卡拉（Pankaj Maskara） 陈耿宣／著

中国人民大学出版社
·北京·

本书赞誉

对于一名具有20多年集团公司经营管理和创业经历的人而言，创业的岁月无疑是令人终生难忘的。如今，作为一名教育工作者，我坚定地认为创新创业教育能够成为高等教育的一个新的增长极。本书中，作者将创业的基础知识进行了有效提炼，并辅以极具说明意义的现实案例，既传递了知识又有助于我们思考。

陈晋川，西南交通大学国际创新创业学院教授、院长

创业过程千头万绪，创业者经常顾此失彼、误入歧途或在一些问题面前不知何去何从？本书围绕创业中的常见问题展开，既有严谨的系统性，又图文并茂、通俗易懂，是创业者艰辛跋涉中的好工具、好向导。

孙继伟，上海大学管理学院教授、大简资本创始人

本书分享的不只是深入浅出的创业智慧，提炼的也不只是点线面结合的创业体系，作者以创业者的思维和要求，简明扼要、直接干脆，创造出一件符合创业市场需求、解决创业实践困惑的知识产品，既能被轻松接受，又能被充分理解，还能被全面运用，本书在纷繁的创业教育书刊中具有代表性。

中国高校创投研究院

创新与创业，要把这个世界变得更具魅力，从事创新与创业的人，既是艰苦的实践者，也是伟大的艺术家。作者以其超凡的智慧，把实践者和艺术家顺畅而又自然地联系起来，本书将是创业者、年轻的企业家们成长路上的最佳伙伴。

刘继军，中科招商投资管理集团股份有限公司联席总裁

成功是长叶的时候，失败是长根的时候。《为创业而生》正是一本在成功路上值得拥有的好书，细细研读之后，你会发现创业需要真正的勇敢，但勇敢不是不害怕，而是心中有信念。

李震东，伯马创业研究院院长、全国就业指导专家、
中国大学生就业与创业高峰讲坛秘书长

创业之路上，具有实践经验启发、理论系统指引的双创知识体系是帮助我们迈向成功的重要工具。本书可以为双创事业提供重要的智力支撑和经验分享，为众多双创主体提供具有价值提升的生长路径。

亿蜂创新创业研究院

推荐序 1

这一生中，我非常有幸能从事许多领域的工作，从好莱坞电影制作、电玩设计到如今的为创业者提供培训和指导。我新创立的 Founders Space 公司已经成为全球领先的孵化器和加速器之一，在美国硅谷和中国都设有办公场所。《福布斯》杂志发布的排名表明，对那些来硅谷寻求发展的海外创业公司来说，Founders Space 公司是最好的孵化器之一。现在，Founders Space 在全世界已经有 50 多位合作伙伴。

作为一名连续创业者和天使投资人，我指导过数百家创业公司，这些创业公司所涉及的领域非常多样，包括机器人技术、人工智能、虚拟现实、清洁能源、金融和娱乐等。在为这些公司提供指导的过程中，我发现没有哪种创业方法是万能的、能帮助到所有创业者的。适用于某一领域和某一类创业的方法往往并不适合其他领域或其他种类的创业。所有成功创业者唯一的共同点在于，他们都具有明确的商业意识，也非常了解公司从资产管理到资金筹措的所有运营事项。

我喜欢这本《为创业而生》正是出于这一原因。本书作者向创业者讲解了很多基本创业知识，从哪一种创业机会最能创造价值，到哪一类人最适合成为创业者，事无巨细都涵盖在内。同时，在阐述过程中，作者还特意避开了专业术语，多用常人能理解的词汇进行讲解，以确保初次创业者能完全理解所有内容，不会被专业术语吓到。

两位作者在书中向读者介绍的大量创业案例，基本上都是近年来创业实践中发生的、颇具启迪意义的真实例子，其中的许多案例也是我和一些硅谷的创业导师们经常用来讨论和研究的。相信这些案例在帮助读者了解相关创业知识的同时，也会给读者带来不同程度的有益的实践启发。

书中穿插的一些漫画是本书一大特色，这些漫画从一开始就把我深深吸引，他们用漫画这种非常直观的方式向读者展示了重要的问题，这种方式能有效吸引读者读完全书，并帮助其记住那些关键的内容。毋庸置疑，《为创业而生》高度的实践性得益于两位作者丰富的商业经验和扎实的研究功底。潘卡基·马斯卡拉在国际贸易、尖端技术、教育、金融等多个商业领域都有涉猎，这也许就是他们能够很好地与读者进行沟通的原因；陈耿宣对创业和创业教育都有着很深入的理解，很好地结合了经济研究和商业实践，也使得他们可以更好地聚焦在创业者真正需求的知识主题上。在我看来，公司营运管理所涉及的软技能是需要通过长时间的学习才能掌握的，因此不能通过阅读某一本书而获得；但是，对创业者来说，最大的困难往往是技术技能的缺乏，如财务预测和预算编制等技能。很多创业者都会因为缺乏这些技术、技能而未能踏上创业之路。为了解决这个问题，在本书中的最后部分，两位作者用创业者最易接受的方式介绍了至关重要的财务概念。本书删繁就简，详略得当，脉络清晰，可见两位作者在内容的挑选和安排上思虑周详，充分考虑到了读者的需要。

陈耿宣是我所著的《让大象飞》（*Making Elephants Fly*）中文简体版的两位译者之一，他对现代创新创业深刻而独到的理解和创业教育充满的热情，为该书得到中国读者和广大创业者们的高度认可提供了很大的帮助。如今他

推荐序 1

将自己与潘卡基对创业的思考和热情通过本书传递给了广大读者，可以预见的是，本书也将在中国创业领域取得成功。

和两位作者一样，我也不喜欢长篇大论，所以这篇推荐序就写到这里，祝大家阅读愉快，学有所得！

史蒂文·霍夫曼（Steven Hoffman）

创业孵化器 Founders Space 创始人兼 CEO、《让大象飞》的作者

推荐序 2

当我们通过网络搜索与"创业"有关的书籍时，瞬间就会得到 5 000 多本与创业相关书籍的词条。不得不说，互联网的效率高得让人叹为观止，资讯随时随地都在传播、扩散，获取知识从未如此便捷；与此同时，我们也在感叹现实的无奈，广泛而爆炸式的信息让我们无从判断和选择。

创业是一门实践学问，不可能通过学习创业知识就能成就一番事业。但是，有效的方法和工具值得借用，失败的经历和教训值得借鉴。创业者一定会遇到坎坷，也会不小心跌倒。鉴于如此多的不确定，作为一名连续创业的"创主义"者，我真诚地建议同路者们在创业之前一定要找到自己的"伙伴"，勇气、执行力、学习能力、坚持、知识、专业能力、精神、意志、人都是"伙伴"，一本书也是"伙伴"。创业的现实过程就是一路探险，创业的现实终点也并不一定美好甚至有点残酷。一代又一代的创业者不断以亲身经历反复验证并告诫，未来什么都有可能发生，每个人都需要借助"伙伴"的力量，在无法确定的道路上前行。

这本书就是一个亲密的、有助于初创者进行创业的"伙伴"。

尽管创业的过程艰辛、煎熬，创业"失败"比比皆是，但我始终热爱并深刻感受着创业的"痛快"——痛并快乐着。或许，生命本身就是一部神奇的"创业交响曲"，创造出每一个与众不同的你，就看你所扮演的角色、你所选择的"伙伴"以及你所承载的使命。对我而言，创业已经成为生命不可或缺的一部分。

作为一名创业者，我因能与一帮充满激情、勇于创造、敢于实践梦想的同伴们一起历练而感到庆幸。创业过程中有泪，有笑；有苦，有甜；有烦恼，有畅快。而创业既是一种成长，也是一种沉淀。

作为一名投资人，我是幸运的，可以有机会间接参与不同行业、不同阶段、不同风格的创业项目，并且在创业者们需要的时候，和他们并肩作战。

提前拜读本书，我是幸运的。陈耿宣是一名有功底的研究商业领域实践与创新的学者，潘卡基是一名善于提炼与沟通的商业实践者，两人的默契让我羡慕，《为创业而生》就是这样一件在默契中创作的、兼具理论指导与实践参考价值的作品。通过阅读本书，我将已有的创业认知进行了更进一步的梳理。

在《为创业而生》中所阐述的内容简明扼要，"不堆砌辞藻"，直接点亮本书的特点。而且，作者所表达的方式轻松有趣，让读者备感亲切。

作为两位作者的朋友，也作为本书的读者，我在此感谢你们分享智慧，期待两位作者不断带来优秀作品。读者朋友们，相信本书将会给你带来不一样的创业知识体验。创业，从读《为创业而生》开始。

李征光

真然资本创始合伙人兼 CEO、中国高校创投研究院执行秘书长

序 1

作为一名大学教授,我在给学生传授知识的同时,自己也一直在不断地学习。在阅读了大量的教科书之后,我发现这些书里确实有智慧的光芒闪烁,但这些光芒却往往隐藏在长篇大论中。每读完一本教科书,我就得做笔记来弄清楚这本书的大意。我总想,为什么这些作者不能写得简洁一点?

要写出优秀的教科书,作者必须按照一定的学术标准,更要满足那些处于教育系统不同阶层、出于不同用途而使用这本教科书的教师的需求和期望。除此之外,出版社也往往会提出它们的要求。

我们有幸为创业者写了这本书,它并不是教科书,尽管它能够也应当被选进创业课上的补充阅读书目中。这本书旨在为每一位规划新事业的人提供指导。不管你是打算在目前所就职的公司内部开展一项宏大的项目,还是在考虑创办一家新公司,《为创业而生》都将帮你实现这一目标,并确保没有任何关键部分被遗漏。当然,一本小小的书不可能囊括创业所有环节的主题,但是遵循这本书的指导,初创者将避免犯一些常见的错误。在本书中,我们只强调重要的因素,以帮助读者更好地做出决策,而不是纠结于无关紧要的细节。创业意味着初创者冒险进入未知的世界,我相信各位读者有足够的才能去处理那些非关键性问题，因此，我们只需探讨那些最重要的事情。

就像我这篇序一样，书中的所有内容都将做到简明扼要，不会堆砌辞藻，祝各位能学有所获，创业成功！

潘卡基·马斯卡拉

序2

写本书的初衷，并不是想要凑中国目前澎湃兴起的"创业产业"浪潮的热闹，因为已经有太多讲授创业知识、提供创业指导、分享创业经验的各类图书面市，似乎也没有必要再专门写一本关于"为什么要创业"或者"如何创业"之类的相似书籍。

不过，在与许多业内人士，包括远在硅谷却涉足中国业务的一些朋友聊到中国创业形势和现状时，他们普遍反映中国许多的孵化器、创业者，以及暂且统称为创业导师的人们，过于注重短期效应和所谓的资源整合，而且稍显急躁，特别是缺乏对创业者提供一个专业和系统的创业辅导，这与我的感受不谋而合。值得庆幸的是，在我分享自己关于当前"双创"的思考时，得到了普遍的认可，有朋友还建议我将"那些有用的东西"整理出来，于是我萌生了撰写一本关于创业实战的、操作性强的工具书的想法。我将这一想法告诉了潘卡基，他对此兴奋不已。随后，我们进一步了解中国目前的创业教育、加速实践等状况，并肯定了这一判断，从而坚定了编写此书的决心。

在中国这波始于2014年的创业浪潮里，我们不缺资金丰富的投资人、配置豪华的孵化器、慷慨激昂的创业导师、活力四射的创业团队……当这些要素融合在一起，向着创造出一家家新兴企业迈进的时候，似乎还缺少一个至关重要的因子——创业加速，这里的加速不同于简单的商业服务，也不同于资金支持或者政策扶持，而是针对创业者开展创业活动的技能提升。

诚然，创业是一项无比复杂的事业，而且不同领域、不同模式下差异巨大。尽管如此，创业的过程仍是有经验可寻的。对于创业者而言，他们也渴望学习与创业息息相关的商业、管理、市场等方面的知识和经验，所以我们看到创业者大都会积极参加各类培训、会议，并对相关图书不加甄别地购买。而有关"学习"经验告诉我们，一个相对更具针对性的"创业早期系统性范式教育"，是最能高效帮助创业者加速的方式。本书虽力求精简，但也秉持通过一个完善的体系框架，为读者提供这种系统性的原则。

我们相信，本书只是一个开始，也很期待看到有更多具备经济、金融、管理知识背景，以及创业、投资实践经验的精英们，为创业早期阶段不断涌现出的卓越创业者们提供更具系统性、专用性和实践性指引的优秀著作。

陈耿宣

目 录

■ **第 1 章　创业的定义　// 001**

　　什么是创业　// 003

　　创业何以重要　// 009

　　创业的主要挑战　// 011

■ **第 2 章　创业机会　// 017**

　　不同情景中的创业机会　// 019

　　改变——关键组成部分　// 025

■ **第 3 章　关于创业的思考　// 029**

　　第一步　// 031

　　你准备好了吗　// 036

　　公司创业　// 039

　　出售创业想法　// 040

　　发明者注意事项　// 041

第 4 章　商业计划书的撰写　// 043

商业计划书的意义　// 046

商业计划书的内容　// 048

第 5 章　融资　// 059

团队的重要性　// 061

资本的重要性　// 062

初次创业者和连续创业者　// 062

融资之旅　// 063

第 6 章　产品开发、分销与营销　// 077

出售产品或服务是一种挑战　// 079

产品的开发和测试　// 080

有效开发产品的要点　// 084

第一个版本的销售　// 085

营销和分销　// 087

第 7 章　精益思想　// 095

什么是精益　// 097

践行精益创业　// 098

最小化可行产品　// 101

创业者的资源　// 107

第 8 章　财务规划 // 111

　　财务报表 // 114

　　财务比率 // 126

　　销售预测 // 133

　　准备预计财务报表 // 135

　　信贷额度 // 152

　　债务契约 // 153

　　可转换债券 // 154

　　优先债务、次级债务和创始人股份 // 155

第 9 章　企业组织 // 157

　　有限责任公司和股份有限公司 // 159

　　公司法人人格否认制度 // 160

　　有限责任公司的成立 // 161

第 10 章　公司金融 // 163

　　基本概念 // 165

　　风险类型 // 169

　　货币的时间价值 // 172

　　债务和股权 // 180

　　资本预算工具 // 181

　　营运资本 // 188

第 1 章

创业的定义

什么是创业

尽管"创业"一词被广泛使用,但创业对不同的人来说却有着不同的含义,目前还没有一个被大家所公认的创业的定义。但普遍而言,这些定义都认同创业是和风险联系在一起的。

创业的基本要素——风险和价值创造

在对创业进行深入探讨前,我们应该首先理解"风险"这个词。风险意味着可能出现不利的结果。当一个人辞去稳定的工作,通过从事自由职业或者以其他类似方式为生时,这种情况往往就和创业有关了。

此外,任何创业背后的想法都是创造"价值"。创造价值通常被吹捧为所有创业的目标,但是它真正意味着什么呢?当一个人或者一个团队能够创造一种有形或无形的东西,并且创造成本低于人们出于需求而愿意支付的价格时,这个人或者这个团队就创造了价值。这是一个非常通用的概念,人们往往能够在脑海中将这一概念和产品联系起来。

但是,价值也可以通过各种无形的方式创造出来。创造一种关于一个人、一家公司或者一个产品的有利观念也是在创造价值。例如,让人们越来越意识到公共卫生的重要性就是在创造价值，让人们多为他们的父母考虑也是在创造价值。但前提是，个人或者社会在价值被创造之后相比之前的情况有所改善；或者，价值创造行为并不一定会给行为对象或者行为发出者带来益处，至少并不一定会带来经济上的益处。从已创造的价值中获得经济利益的行为，在本书里，姑且将其称为货币化。

货币化的重要性

货币化让创业者能够继续获得进一步创造价值所需的各种资源，如资金、劳动力和原材料等，因此对创业非常重要。如果创业者无法获得这些资源，整个创业进程将土崩瓦解。创业者早期的行为往往是为了创造社会效益、解决现存的问题，或是纠正一些会导致个人悲剧的错误等[1]。创业者努力创造出来的社会效益的确可能给创业者带来丰厚的回报，从而激发创业者的积极性。但是，要想继续创业，创业者通常需要和那些对这份事业并不抱有同样热情的人一起合作。为了进一步合作，就得从已创造的价值中获得一定的利益。

一种行为在何时成为创业

在现今这个科技引领的时代，媒体高度关注那些成功的创业者及他们创立的企业，如谷歌、Facebook、百度、阿里巴巴、腾讯等，创业已经成了技术创新的代名词。技术创新是创业的重要组成部分，但却不是创业所必需的。为了更好地理解这一点，我们先弄清楚以下情景是否可以称为创业。

---

[1] 有时候，一个创业想法的产生并不是源于多么高尚或纯洁的意图。例如，谷歌以 16.5 亿美元的价格收购了美国视频共享网站 YouTube，而 YouTube 的创始人乔德·卡林（Jawed Karim）当初之所以想要创办这样一个网站，是因为他找不到 2004 年美国橄榄球超级碗决赛中场演出中珍妮·杰克逊（Janet Jackson）的失态视频。尽管他的灵感是由一个性质可疑的动机带来的，但是他的创业想法是想要给人们提供一个分享视频的途径。这个想法为社会创造了价值，因此 YouTube 公司获得了极大的成功。

1. 在一个所有村民都是文盲的村子里，某人行动起来，告诉村民教育的益处，并努力说服家长送他们的子女去读书而不是让他们做农活和家务。
2. 为改善村民基本都是文盲的现状，某人开始在村子广场的树下无偿地向当地孩子教授知识。
3. 受村里的几个富人委托，某人开始为有能力支付学费的村民的子女提供私人教育。
4. 村里的公立学校不够，某人看到了商机，开办了一所私立学校。
5. 在农村教育处于低迷状态时，某人无偿开发了一个技术平台，任何受过教育的人都可以在这个平台上给世界上的其他人提供教育。
6. 为实现在线教学和学习，某人创建了一个支付机制，村民可以通过这个机制购买在线课程。这个人的公司让人们能够在全国各地的网络服务商给课程付费。

在以上所描述的情景中，如情景6，显然会被视为创业。情景6中的那个人识别到了人们对某种服务（支付机制）的需求，在为自己的公司带来盈利的同时也给出了解决方案。这一情景中包含了所有与创业有关的常见要素，如识别需求、创造新事物、运用技术、创建公司、雇用员工、（可能和该情景中的网络服务提供商）开展合作、扩大规模和获取高利润等。但世界上大部分（近99%）的创业并不符合这一情景，这些创业常常没有得到应有的关注，最终无法达到创业者的期望。并不是说人们不应该尝试这种创业，事实上，世界上的重大进展往往是由这种创业带来的。但是，创业者应该意识到，这种创业是和高风险联系在一起的，其他类型的创业也是可以考虑的。

我们分析一下上面给出的其他情景吧。情景1和教育活动有关，这种行为通常归为社会工作。但如果那个人的目的是首先让大家认识到教育的益处，然后利用这一点在村里开售课程或者创建私立学校，你会改变想法并将他的行为归为创业吗？如果你得知这个人在当地独家出售学习材料（如钢笔、铅笔、纸张、书籍等），你会改变想法吗？我们需要注意的是，即使不管以上信息是否存在，发起教育活动这一行为本身就是在创造价值、造福社会。附加的信息只为情景 1 中的那个人提供了将价值创造行为货币化的方式。当越来越多的信息诱导我们相信那个人的行为是出于个人利益时，我们的观点也随之改变了。但是，所有的价值创造行为都可能在某个时间进行货币化，即使这一行为最初纯粹是为了造福全社会。

在情景 2 中，某人在村子广场的树下无偿提供教育服务（传授知识），他是一个自由职业者，他的行为没有创新性，他没有创建公司，也没有雇用员工，全程似乎没有牵涉到金钱。这是创业吗？尽管这个人在无偿教书育人，但如果最后富人们提出付给他一定的费用来让他给他们的子女单独授课，他的行为也将使他获利，那这是创业吗？如果他最后向这些孩子售卖书籍和笔记本以赚取利润，那这是创业吗？一种行为是在什么时候变成创业的呢？又是什么使得这种行为成为创业？上述的六种情景在规模、社会利益、私人利益、货币化、雇用员工人数、所需资本投资和技术创新上都各不相同。但还是会有人坚持认为这六种情景中的行为都属于创业，因为这些行为都在试图创造价值，也承担了一定风险，行为发出者并不确定他的行为是否能带来稳定收入。

再看一个现实世界里的例子吧。Hotmail 最初只是一种免费提供电子邮件的服务，不含任何广告，其创始人没有对其进行货币化，直到最后将公司以几百万美元的价格出售给微软。在那之前为保持服务运行，创始人一直在承担服务器的成本。这一服务的受益者是社会。收购 Hotmail 后，微软试图通过提供订阅服务、推送横幅广告及电子邮件广告将其货币化。我们可以发现，

Hotmail 在初期完全可以被视为一种社会公益服务。创始人没有雇用员工，没有投入大量的资金，没有收取服务费，也没有从任何渠道获取收入，他只是创造了软件代码并保持服务运行，使得人们可以快速进行零成本沟通。他没有为自己的服务打过广告，用户数量呈指数增长只是因为这项服务为用户创造了很大价值。然而，我们都清楚，这位创始人不是社会工作者，他是创业者，能够以极低的成本创造极大价值的创业者。同样，Facebook 开始只是人们和亲朋好友保持联系的平台，它满足了人们希望成为社会的一部分、希望和朋友家人交流并得知他们的行踪和现状的这一基本需求。Facebook 过去是一种免费服务，将来也会保持免费，但所有人都认为它属于创业。尽管拥有更高水平的投资和更大的团队，但 Facebook 在创造社会效益方面与 Hotmail 及其他企业相差无几。

创业的类型

一些业内人士认为，创业既具有模仿性，又具有创新性。例如，给学生授课就是一种模仿行为。授课者模仿着一种多年前就已经存在并且经受过时间考验的行为。授课行为里没有创新，风险也相对较低，因为这一行为经过了反复考验，只需要很少甚至不需要资本投入。而试图通过网络平台将村民和城市里受过教育的人联系起来这一行为极富创新性。这一行为没有先例可循且风险很高，需要投入大量的资金来建设、控制和维护网络平台及大范围招募有意愿、有能力的教师，也无法确定村民是否愿意或者能够通过互联网接受指导。这种创业失败的可能性非常大，平台建设者面临极高的风险，一旦失败，所投入的资金、时间和努力都会付诸东流，这也是所有创新型创业者都会面临的共同风险。

我们将以模仿性为主要特征的创业称为复制型创业，将以创新为基础和核心的创业称为创新型创业。

在尝试复制型创业时，最大的风险是可能损失一些资金（一般数值较小但对创业者意义较大）和一份稳定的收入。然而，这种创业的风险是可预测的，因为可以得知附近或其他地区的类似企业的运作性能数据信息，其成败往往取决于参与者的管理能力，尤其是财务管理能力。在这方面，适当的培训就能带来成效，本书将会在后面的章节予以详细阐述。

与此相对应，在试图开始创新型创业时，情况则截然不同。首先，创新型创业的不确定性更高，因为需要做一些之前没有人做过的事情，这让未来无法预测。往往唯一已知的是对产品或服务的需求，事实上很多时候这种需求并不明确或者未被证实。创新型创业所创造的可以是一种现有产品或服务的新型使用方式，可以是一种全新的产品或服务，也可以是一种新型的生产或提供产品或服务的方法。创新型创业一旦成功，将会带来非常可观的回报。因此，现有企业和新创企业很可能以不择手段的方式，赶在创业者之前利用他的创新成果去市场上实现价值。这样一来，创新型创业面临的风险就更高了。

此外，创新型创业企业往往规模[①]较大，对资金的要求也较高。因此，复制型创业和创新型创业需要具备不同的综合技能以成就创业的成功。本书中将会探讨所有类型的创业的通用要素和综合技能，以及每一类型的创业（创新型和复制型）的特定要素和综合技能。然而，正如上文所提到的，创业往往是既具备创新性，又具备模仿性，因此不能将每种创业都划分为单纯的创新型或者复制型。

---

① "规模"一词在贸易中常常用来指企业规模大小。相关的"范围"一词常常用来指企业经营活动的种类范围。

创业何以重要

我们为什么要关心创业？对于这一问题，前文的内容已经给出了明确答复。创业就是创造价值。也就是说，创业创造了某种能以更高效率和更低成本满足社会需求的事物。因此，社会得以用有限的资源满足更多的需求，从而提高人们的生活水平。比如说，电子邮箱可以免费注册，因此人们能够立即给朋友发送信息，而不用走上几公里的路去朋友家里拜访，节省下来的时间和精力也能用来赚取更多的收入。

政府对创业的支持

我们发现，各国政府都在鼓励创业。这是为什么呢？首先，政府的任务是提高民众福利。如上所述，创业能更高效地利用有限的资源从而提高大众的生活水平。具体来说，每个人都需要一份工作来谋生，通过工作来实现个人价值，贡献社会。在商业社会以前，每个人既是自己的雇主，又是自己的雇员。人们耕种自己的土地或者从事手工艺品的交易，也可能是家族成员共同劳作，那时还没有真正形成雇主和雇员的概念。然而，当前社会中有很多雇用了成千上万名员工的大型雇主，如跨国公司、中央政府机构、地方政府机构、高等院校等。不过，这些机构往往无法创造足够多的就业机会来满足社会需求。当一个创业者创建公司时，他对社会产生了双重影响：第一，社会不再需要考虑如何为这个创业者提供一份工作；第二，新创建的公司可以雇用更多的员工。这一推论适用于开一家面包店这样的复制型创业。

建设性的破旧迎新

创新型创业除了创造更多的就业机会外，还能通过不断挑战大型雇主、促使大型雇主与时俱进，以为社会带来更多的益处。创新型创业发起了建设性的破旧迎新。在努力打拼自己的事业时，创业者承担了一定的风险，尽力创造更有效的做事方式。这些更有效的方式帮助整个社会腾出资源，避免了资源的低效使用。当前世界上大多数的大型跨国公司最初都是由创业而生，这些公司改变了原先做事的方式，并最后获得了成功。如今，我们已经对这些公司当初创造的方式习以为常，我们不再用纸笔来计算复杂的数学问题，计算机一眨眼就能给出运算结果。长途旅行时，我们不再依靠步行或是乘坐公共汽车和轮渡，飞机让我们的出行更便利。飞鸽传书也被电子邮件和电话所取代。创业可能给社会带来巨大冲击，创业所创造的价值即使只有一小部分被创业者利用，也能给他们带来巨额的经济收益，因此，创业者们尤其是创新型创业者们，愿意为此承担异常高的风险。

创业者的主要特征之一是，他们能够在现有企业之前去设想未来。比如说，奈飞（Netflix）公司是美国的一家娱乐公司，提供在线影片租赁服务，2007年年初其市值就超过了600亿美元。奈飞公司的会员只需每月支付固定费用就可以无限量观看视频了。里德·哈斯廷斯（Reed Hastings）是奈飞公司的CEO和创始人，他之所以会有这样的创业想法，是因为他从视频租赁巨头Blockbuster公司租赁视频时，曾因逾期而被收取40美元的费用。里德·哈斯廷斯于1997年创立奈飞公司，2000年时，他试图将奈飞公司49%的股权卖给Blockbuster作为后者的线上部分，但被Blockbuster拒绝了。Blockbuster只知道埋头于现有的音像出租实体店，而忽略了网络视频的价值。10年后，DVD出租店已成为历史，Blockbuster不得不申请破产，将市场拱手让给了像奈飞这样的网络视频租赁公司。

世界　　　　　创业者

恢复力

创业的主要挑战

那么，接下来的问题是，既然创业对社会如此重要，为什么它不是所有社会的首要关注点呢？在很多经济不发达的国家，即使是复制型创业都很难进行，更不用说创新型创业了。我不想过多谈论那些不发达国家的问题，因为本书的读者大都不会遇到这些问题。然而，还有一些问题是我们大家都会遇到的。

现有企业的阻挠

创新从定义上讲意味着"改变"，意味着不同于现状。改变既能带来成功，当然也能带来失败。已经获得成功的人总是害怕失去现有的一切。因此，创新型创业总会遭到现有企业阻挠的风险，这种阻挠是出于天性，因为新的流程、技术和方式的产生会直接威胁到现有企业的生存。

模仿者的威胁

改变总是令人感到不适。整个社会都倾向于拒绝改变，因此创业者必须说服人们去改变。即使新的流程明显优于原有流程，创业者也将需要很长时间才能说服人们采用新流程。这一点又给创业者带来了额外的风险，他必须同时防备总想阻挠他创业的现有企业和总是试图抄袭他创业项目的模仿者。

在原创业者努力说服全社会改变时，其他的创业者可以在原创业者的基础上，复制或改进他的模式、流程、产品或服务来获利。新的市场进入者常常借助原创业者的努力并无偿享用原创业者的劳动成果，继而导致原创业项目的失败。比如说，苹果公司并不是第一家研发智能手机的公司，在苹果之前有好几家公司研发出了智能手机，但是苹果公司借鉴了它们的经验并加以改进，开发出了更好、更符合需求的产品，从而加剧了这几家公司的消亡。智能手机对世界各地的积极影响是有目共睹的，然而当初人们还是花了很长时间才愿意相信有计算机能力的手机比台式机和笔记本电脑更好用。智能手机的一些原开发者（如 Palm 公司和 Handspring 公司）就没能熬过那段时期。

资金要求

此外，这些能改变世界和生活方式的产品和服务往往需要投入大量的资金。投资人常常会中途对创业项目失去耐心，迫使创业者缩小规模或者贸然改变方向。创新型创业的风险就像剥洋葱一样，每前进一步，新的技术、产品、流程或服务就会出现新的不确定因素。这些新出现的不确定因素可能对创业者有利，也可能迫使创业者放弃项目或者改变方向。如果新出现的因素对创业者有利，创业者就有机会继续进行创业；否则，创业者和早期投资人将遭受巨大损失。一旦关键性的不确定因素被解决，创业想法的可行性得到证实，创业的认知风险也就会大大降低。因此，其他人如果拥有足以支撑创业的雄厚经济实力，就能将这一创业想法付诸实践或者加以改进。其他抄袭原创业者想法的人之所以能获得大量投资，是因为这时创业风险较低，所以投资人的收益要求[1]较低。同一个创业项目，早期时投资人不会愿意投资，但现在他们愿意并且希望投资这些创业项目是因为技术可行性、产品或服务需求、监管环境、创业者执行能力等关键性的不确定因素已经得到了解决。例如，德国一家价值数10亿美元的上市公司——Rocket Internet 就专门抄袭复制世界各地的创业项目，并将超过10亿美元的资金用于该目的。

考虑到这些挑战，一个真正新颖的创业想法在早期获得成功的机会十分渺茫。只有对这个想法异常执着、对自身要求较高且无需太多顾虑机会成本的创业者才能承担如此高的风险，但这种创业者往往缺乏足够的资金来完成整个创业。例如，WhatsApp 的创始人简·库姆（Jan Koum）现在拥有近100亿美元的净资产，但开始创业时他身无分文。那时他和母亲一起移居至美国加利福尼亚州，住在靠政府援助的公寓里。为了维持生计，他给人擦过地板，他的母亲帮人看护过孩子。

因此创业者往往要依赖投资人的帮助。世界上的创业想法很多，但给高风险创新型创业的投资是有限的，创业者需要通过竞争来获得投资。因此，除非具有巨大的潜在社会效益，否则高风险的创业就很难获得投资。巨大的社会效益能让投资人相信有充分的机会将这些效益的一小部分进行货币化。

即使资金不是问题，创业成功的概率也非常低。这是因为，在创业过程中存在很多的未知因素和假设情况。创业者的成果取决于公众对新想法或新过程的接受度。即使创业想法符合公众的最佳利益，市场接受这一想法的速度也不一定会快到让创业者能够在创业上持续地投入时间和精力。著名创业

---

[1] 收益要求是指说服投资人投资某一项目所需要的最低收益。项目风险越高，其收益要求越高。

者理查德·布兰森（Richard Branson）已经经营了数百家公司，他是一个亿万富翁，有着丰富的创业经验，掌握的资源也十分丰富，拥有优秀的创业团队。但是，即使拥有这么好的条件，他领导的500多家公司也已经关闭了200多家。这个例子表明，即使是最有能力且装备最好的人在试图创业时，也会面临着非常高的失败风险。

说到初创公司不得不面对的上述威胁，美国的优步（Uber）公司就是一个很好的例子。

2017年年初，优步公司的市值达到了约800亿美元。优步是共享乘车行业的先锋，在创始地旧金山首次推行其商业模式。优步向市场证明，如果与共享乘车相关的价值主张足够强大，人们会愿意让陌生人搭他们的车的。依靠非常强大的价值主张，优步说服了许多车主共享乘车，公司发展异常迅速。在2016年，优步在旧金山的总收入超过5亿美元。优步出现之前，该地传统出租车市场的年收入只有1.4亿美元，不到前者的三分之一。然而，一旦这种商业模式得到证明，全球迅速涌现出数百家类似的公司。结果，尽管优步已经产生了足够的现金流以供有机增长，但它还是不得不融资数十亿美元，用以先发制人地在世界各地的城市推出服务，以免被竞争者抢占当地市场。尽管付出了很多努力，优步的处境还是不太乐观。在美国这一世界上最大的市场，同时也是优步的创始地，优步面临着来自对手Lyft的激烈竞争；在世界第二大市场——中国，优步中国已经被滴滴出行收购。在其他国家，如印度，优步也正在和当地的竞争对手互相追赶。目前为止，已经有数百家公司模仿了优步的商业模式。截至2017年年初，滴滴出行的业务量已经超过了优步，成为全世界规模最大的共享乘车公司。优步曾不得不面对打车行业中的传统运营商，即出租车司机工会的愤怒。各地都发生过优步司机和车辆被出租车司机攻击的事件，因为优步的到来严重损害了出租车司机的利益。优步还需要不停地和世界各个城市的相关管理部门进行协商。感受到优步带来的压力后，有些城市禁止了优步这类服务，还有些城市开始实行苛刻的规章制度。作为一家全球性公司，优步却不得不参与到每个城市的本地竞争中。在优步投资大量的成本创造新市场、修改规章制度后，那些本地的竞争对手就能够以更少的投资来和优步竞争了。此外，由于这种商业模式已经被证明，监管风险也降低了，所以那些竞争对手还能够以更低的成本更轻松地筹集资金。这样一来，竞争对手们就可以打价格战来争夺优步的市场份额。从运作上看，优步之所以在所有市场上都面临着风险，是因为在优步投资建立司机系统、对司机进行培训后，新的竞争对手很容易就能撬走这些司机了。竞争对手们可以毫无压力地给予这些司机更好的待遇，因为相比优步，它们节省了培训的成本。正如优步一直宣称说，在美国市场的主要竞争者 Lyft 公司撬走了自己公司的司机。事实上，确实有一个名为 Juno 的新公司专门靠挖走优步和 Lyft 的司机的方式在纽约市场运营。Juno 公司只雇用在优步和 Lyft 上评分很高的司机，它支付给司机的薪酬占车费的比例更高，因此很容易吸引到优质的司机。由于 Juno 公司不用承担招募和培训司机的费用，即使收益相对较低，它也可以成功运营。以上这些因素都在不断地给优步施加压力，尽管其在 2016 年的年收入高达数十亿美元，但优步公司的财务报表还是显示出其亏损巨大。

第 2 章

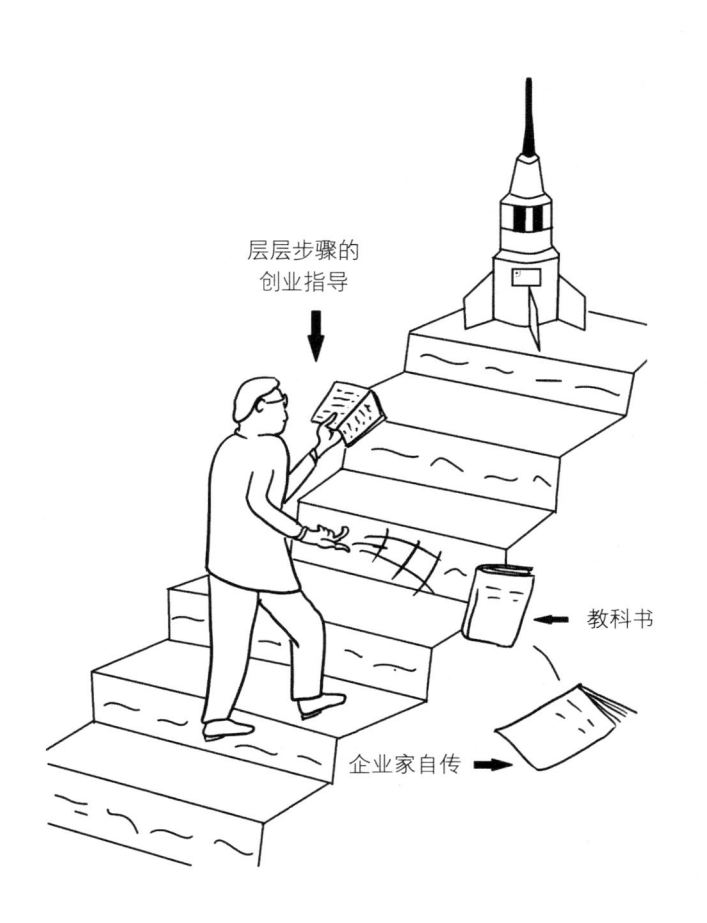

创业机会

层层步骤的
创业指导

教科书

企业家自传

有些人从小就梦想拥有自己的企业，他们一直在寻找创业机会。还有些人为了去大公司工作而接受商科教育，却从中发现了创业机会。有时候，一个发现、一项发明或者周围环境往往会使一个人成为创业者。尽管成为创业者的途径有很多种，但他们的成功创业都有一些基本的特点。本章和接下来的几章将详细讨论每一位创业者实现梦想都必须要采取的步骤。

不同情景中的创业机会

正如第 1 章中所提到的，所有创业的核心都是创造价值。但是要怎么去创造价值呢？我们将逐一分析不同情景，看看创业者是如何在以下情景中创造价值的。

现有产品与服务需求较大

在现有产品或服务能满足某种已被识别的需求情况下，创业者可以采取以下方式进行创业。

- 寻找一种生产相同产品或服务的新方法。比如，创业者可以寻找一种成本更低、使用不同原料的生产方法；可以寻找一种能降低损耗或简化过程，从而需要更少的劳动力、原料或资金的生产方法；也可以对产品设计稍作调整，降低产品的生产、运输或使用成本，或是让产品外观更具视觉吸引力。

- 寻找一种成本更低、更快速或更安全可靠的将产品交付给最终消费者的新方法。比如改变营销渠道[①]，通过减少中间商来降低营销成本，从而降低最终消费者的成本；通过网络而不是信件和消费者沟通能使交付过程更快；使用更好、更轻的包装材料或者更好的包装方式能使交付过程更安全可靠。

我们可以通过举例来说明这种类型的创业计划。

> 比萨饼送餐是一个市场规模达数十亿美元的行业，全世界每天都有数百万个比萨饼被送到顾客家里。为了尽可能地将热气腾腾的新鲜比萨饼送到顾客手中，比萨公司已经尽了几乎最大的努力，但尽管如此，一份比萨饼的送餐时长也往往超过了 20 分钟。在这段关键的时间里，产品质量大大降低，客户体验也因此受到影响。一家名叫 Zume 的公司试图解决这个问题。这家公司用机器人来做比萨饼，机器人被装在车辆内，通过机器人来远程遥控车辆内的烤箱，在离顾客家门还有三分十五秒行程的时候打开烤箱，这样顾客就能从烤箱里拿到最新鲜、最热乎的比萨饼了。

尚有可开发的空间

尽管现有产品或服务能满足某种已被识别的需求，但还存在未开发市场，此时复制现有商业模式，向新市场提供现有产品或服务往往是可行的，新市

---

① 营销渠道指产品到达最终消费者所通过的交易链，包括经销商、批发商和零售商。

场可以是地域上的（如某个国家），可以是人口细分上的（如 30 岁及以下的单身父母），也可以是新的用户。将现有产品（如智能手机）销售给非洲国家（新的地域）的医学院学生就是一个机会，这个学生当前可能无法买到手机，因为现有企业尚未进入这一市场。创业者可能会发现，目前仅对医院出售的某种产品也可以出售给患者（新的用户），以供患者在家里使用，这样患者就不用多跑一趟医院了。目前，仅被作为玩具出售的放大镜也可以卖给老年人（新的人口细分）。

未被开发的市场也可能只是被忽略了或者未经确认。有时，产品或服务刚被研发出来，产品或服务提供者还没有足够的时间或机会去打开距离较远的市场。

创业者适合进入未开发市场的原因有以下几点。

- 在大型企业看来太小的市场对初创公司来说可能并不小。
- 对现有企业来说太不可靠、变数太多，而总在变化的市场对创业者来说可能风险没那么大，创业者也许恰巧来自那个市场，或者有在那种市场工作的经验。
- 创业者的风险承受能力可能让他更愿意承受这些风险，相比之下，现有供应商拥有更好的机会，更愿意选择其他低风险的市场。
- 由于当前暴力或政治的不确定性而未被开发的市场，也许给那些在该市场已有基础或自身就是该政治体系中的一员的创业者提供了机会。
- 文化知识、当地语言、政治经济体系这些让市场难以进入的因素也给创业者提供了开发新市场的机会。

有时，创业者可以发现成本更低的或速度更快的进入未开发市场的方法。只要用户识别到对产品的需求并提交订单，新的交付方式就可以立即完成产品交付。然而，早期的需求可能因为出现时长太短暂而无法被满足，现有的交付方式无法在它消失之前让用户获得产品或服务。比如，午夜下班后步行回家的人愿意花钱搭车回家，但前提是等车时间不超过 5 分钟，否则他宁愿走回家，因为路程只有 1 000 米，不管怎样他都能在 10 分钟内到家。如果创业者设计出一种能在 5 分钟内让这个人搭上车的新方式，他就能开发一个其他人未曾开发过的市场。

需求无法满足

现存产品或服务均无法满足某种已被识别的需求，这种情景最适合投资人了。人们在生活中的某个时间产生了某种需求，却无法找到任何产品或服务来满足这种需求时，他们最后往往会努力创造一个解决方法；有时他们尽管没有真的去寻找解决方法，但还是根据先前经验判断出某一事物可以用来解决这一需求。在其他情况下，创业者确认了需求的大致范围后会积极招聘有能力的人来寻找解决方法。

解决方法可能来源于：

- 现有产品或服务最初是为其他用途而设计的，但经过修改后可以用于满足目前需求；
- 创造一种全新的产品或服务；
- 提供替代品来消除需求产生的根本原因。

比如说，如果人们需要一种更好的餐具洗涤剂的原因是现有的洗涤剂无法去除当地水中的矿物质，创业者可以想出一种低成本的、利用在当地大量存在的可再生材料制作一次性餐具的方法。这样人们就不再需要餐具洗涤剂了。

市场尚未识别到需求

根据马斯洛的需求层次理论,人类的基本需求可以被分为以下几种。

- 生理需求——人类生存和繁殖所需要的基本需求,包括对食物、空气、水、衣服、住所和性的需求。
- 安全需求——对人身安全的需求,不受到暴力或虐待;对财务安全的需求,包括工作保障、保险、储蓄、健康。
- 情感和归属需求——对友情、亲密关系、亲情的需求和对归属于社会团体或社会的需求。
- 尊重的需求——对声望、认可、地位和他人的关注的需求。自尊来自于自信、能力、独立和自由。
- 自我实现的需求——做到最好,投身于更崇高的事业,精神层面的利他主义。

随着时间的推移,这些需求并没有发生本质上的改变,但满足这些需求的方式在不断演变。随着全球生活水平的不断提高,更多的人已经上升到需求层次的上层。有时,创业者可能会找到一种方式在人们未察觉到之前满足上述五种需求中的某一种。比如,在报纸出现之前,人们从来没有识别到他们有需求去了解在他们的直接影响领域之外的地方发生的事情。然而,一旦有人让他们了解发生在镇上或者更远地方的事情,他们就会意识到他们的归属感被满足了,直到这时对新闻的需求才被市场识别。同样,在Facebook出现之前,对Facebook所提供的那样平台的需求也没有被识别到。

创业者有时可以运用营销策略控制购买者对产品的感知,将原本用于满足某种较低层次的需求,如生理需求的现有产品用来满足某种较高层次的需求,如归属需求。差别定价策略就非常普遍,比如,改变产品包装或者对相似或稍有不同的产品收取明显更高的费用。高价位的产品能满足购买者对归属于精英群体的需求和对声望的需求。

在其他情景下，创业者可以捆绑或拆分现有产品或服务。高级餐厅将食物和优质服务相结合，食物满足的是生理需求，优质服务满足的是更高层次的需求（如对归属于精英群体的需求和对声望的需求）。供应有机食品的餐馆同时满足了对食物的生理需求和对健康的安全需求。在这里引用马斯洛需求层次理论的概念只是为了方便阐述。差别定价和捆绑拆分这些概念不分类别或层次。

为了进一步说明这个概念，我们可以看看数字摄像机公司 GoPro 的例子。

这家公司的创始人尼古拉斯·伍德曼（Nicholas Woodman）当初靠不到 25 万美元起家，现在已经成了百万富翁。在花掉了投资人的 400 万美元后，他的首次创业宣告失败，于是他计划了一个为期五个月、从澳大利亚到印度尼西亚的冲浪之旅。他想记录下自己的这段经历，因此开始寻找合适的相机，但是怎么都找不到，只好自己尝试去做。他用手腕套来固定一次性相机，用这个组合来捕捉自己和朋友在水中冲浪的瞬间。然而他发现一次性相机在冲浪过程中经常损坏，只好又去寻找能经受冲浪等高冲击强度活动的优质相机。他在市场上没有找到想要的相机，于是花 5 000 美元请一家中国公司按照他的要求制造一部相机。今天，GoPro 相机被冲浪者、滑雪者、外科医生、军队广为使用，甚至连《探索频道》（*Discovery*）也用它来从其他相机做不到的视角拍摄画面。尼古拉斯将现有的相机和手腕套相结合，满足了一种当时未被识别的需求。过去人们觉得需要定格某些瞬间，而现有的相机解决了这个需求。但是随着时间的流逝，人们不仅仅只需要定格瞬间，更希望将自己的经历和生活记录下来。尼古拉斯认识到了这一需求，并将两个现

> 有产品结合起来创造了一个简单的新产品。创造出的这个相机可以固定在任何物体上，还可以满足承受高冲击强度的活动要求。这个识别需求和解决需求的过程使他成为了百万富翁。

以上提出的情景并不全面，创业者不必非得将某种情景归于以上其中的一种。了解创造价值的各种方式比试图将所有情景、需求或解决方法全部分类更重要。

改变——关键组成部分

改变是最让现有企业头疼的问题，但却深受创业者欢迎。如果一种需求一直没有被满足，可能不是因为没有人尝试过满足这种需求，而是因为当时的知识、资源或技术无法或者不足以满足它。技术的进步和人们思想观念的改变能够解决那些存在已久的问题。同样，早期需求没有被市场识别到，可能是因为这种需求是源于近期的变化，因此市场还没来得及解决这些新出现的需求。由于我们生活在一个竞争激烈的世界，许多创业者都在努力开拓自己的市场，成功找到能满足需求的有效方法的可能性非常小。创业者可能会发现由其他改变带来的创业机会，比如：

- 一种新技术的出现带来了新的需求，或者新的解决方法；
- 政策法规的变化带来了新的需求，或者让某种解决方法变得合法；
- 社会思想观念和文化观念的变化如社会对同性婚姻的改观带来了对新行业的需求；
- 人为或自然的一次性事件可以带来新的需求或者为解决长期存在的问题提供新的思路，如成功申办奥运会可以带来对旅游业相关服务的需求、自然灾害可能让人们发现某种之前不为人类所知的有特殊属性的化学元素；
- 其他企业设计出来的用于解决某一需求的方案可以带来一种相关需求或者新的完全不同的需求。

改变不仅仅为创业者带来了需求或者解决方案，更是创新型创业的内在组成部分。创业本身就是一个不断变化的有机体，会为了在不断变化的环境中生存下去而进化或者演变成另一种完全不同的形式。因一次性事件而开展的创业企业为了长期生存下去，往往会演变成解决更大需求的、与先前不同的企业。同样，因其他企业带来的需求而开展的创业企业为了不过度依赖某一平台、供应商或客户，也会在长期的演变中发生很大变化。鉴于创新型创业还是一个新概念，因此无法在创业初期得知新的技术、方式、设计方面的限制，同样也无法得知客户对新产品或新服务的反馈和认可度。随着时间的推移，这些限制逐渐出现，社会开始适应新的状态，创业者必须在寻找机会和寻找解决新出现限制的方案的过程中不断改变、调整和进化。由于创新往往会引起新的政策法规的出台，因此最初的技术改变和心理改变是不够的，创业者需要进一步做出调整。

这里有几个例子可以说明如何从技术变化和顾客投诉中寻找到创业机会。

我们所熟知的太空探索技术公司（Space X）是美国的一家航空航天制造商，公司旨在让太空旅行更为高效可靠，它还提供太空运输服务，现在正在进行火星登陆计划，并发布了要在2100年主宰太阳系的豪言壮语。Space X已经能够建立可重复使用的火箭，目前正在为载人登月计划建造宇宙飞船，为人类星际旅行打下基础。Space X之所以能够高效地建造宇宙飞船，其中一个关键原因就是3D打印技术的到来。3D打印技术常常被称为第三次工业革命[1]的基石。为了节约成本，Space X需要做出足够耐用的火箭以供重复使用，于是公司将铬镍铁合金——一种非常耐用的金属合金用作3D打印技术的材料。3D打印技术是一个逐层叠加式制造的过程，省去了昂贵的模具和相关的浪费，可以用来制造极为复杂的设计和产品单元，无需组装任何组件。3D打印技术提高了产品的结构完整性，生产出来的产品更为耐用可靠，成本效益更高，还可以节省维护费用。这些特征正是制造能承受极端环境的航天器所需要的。要是没有这项技术创新或者说技术改变，仅仅依靠传统的制造过程，Space X是不可能用铬镍铁合金这样的超耐热合金制造火箭发动机的。

一次，有顾客通过Twitter向同为Space X和美国领先的电动车制造公司特斯拉（Tesla）的CEO埃隆·马斯克（Elon Musk）投诉，抱怨部分特斯拉的顾客存在滥用超级充电机的情况。埃隆不仅找到了这个投诉的解决方案，还发现了一个可以增加盈利的创业机会。

特斯拉在美国各地都设有充电站，其顾客可以免费给他们的车快速充电。但是，去充电站附近的商店买东西时，为了方便，部分特斯拉顾客会将充电站当作停车场使用，将车停在那里。这些已经充好电的车占用了充电站的位置，导致其他有需要的顾客无法给自己的车充电，从而产生不满。看到顾客在Twitter上投诉的六天后，埃隆提出了闲置费的概念，如果顾客在接到电话提示后的5分钟内没有将自己的车驶出充电站，公司就会对其收取每分钟0.4美元的闲置费。这个办法不仅提高了投诉顾客的满意度，还让原本的免费服务为公司创造了收益。

---

[1] 第一次工业革命发生在18世纪末至19世纪初，生产方式由手工生产转变为机器生产。第二次工业革命又被称为技术革命，发生在第一次世界大战爆发之前。

第 3 章

关于创业的思考

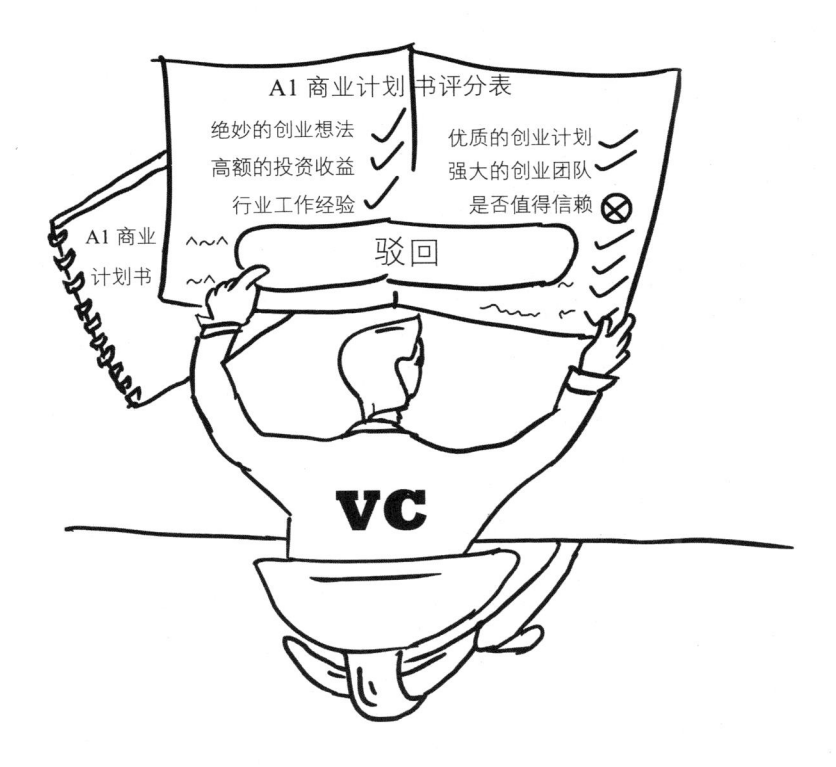

第一步

现在假设，你认为你已经发现了创业机会。请注意这里说的是"你认为"，因为事实上我们还并不知道这是否真的是一个创业机会。那么，你会如何去确定它是否真的值得进行进一步思考和投入时间及精力？请再注意，这里说的是投入时间和精力，而不是投入资金。资金的投入在后面的章节才会讲到。我们现在还处于第一步。在这一步，你应该首先问自己这几个问题：

- 为什么直到现在都没有其他人这么做呢？
- 你的解决方案将如何创造价值？
- 为什么我能比别人做得更好？
- 如何阻止其他人模仿我并在我之前获得所有利益？
- 是否可能创造出足够的价值让所有的参与者都得到应得的份额？

让我们逐个解决这些问题。

为什么还没有人做

对于这一问题，我们已经给出了如下一些能被创业者接受的答案。

- 这一需求是由最近发生的事情带来的，所以之前需求没有被识别。
- 之前没有可用的技术，或是解决方法是由最近发生的事情带来的，因此还没有人想出解决方法。
- 解决方法需要专业综合技能、专有技术或特殊资源。
- 社会之前还没有准备好接受这一解决方法，但由于文化观念的改变，现在社会已经准备好了。
- 政策法规的变化使得这一解决方法变得合法。

如果上述答案均无法解决问题，那之前一直没有人做就可能是因为不可行或者不值得去做。需要仔细审视当前情景，以确定你所感知到的创业机会既可行又值得去做。虽然不常见，但也有可能你提出的解决方法只是被忽视了很长时间。

如何创造价值

对于这一问题，你的解决方法可以来自生产经营的以下三个方面：

1. 产品或服务的生产和创造；
2. 企业的管理；
3. 产品或服务的交付。

只要你的解决方法能让其中任何一个方面：

- 成本更低；
- 更容易或更简单；
- 更快；
- 更好；
- 更有吸引力。

那它就是创造了价值。你感知到的创业机会也可能通过满足消费者更高层次的需求而创造价值。能实现以上任何一个的解决方法往往：

- 投入更少（原材料、人力、资金）；
- 方法更好（简化了流程步骤，减少了原材料、人力、资金的浪费）；
- 技术革新（提高效率）；
- 原料更便宜；
- 改变原料比例。

在有的创业者看来，价值的来源就是减少现有企业的间接费用[①]，这些创业者需要记住，间接费用往往是企业规模增加的副产品。为了保证创业企业的长期运营，需要设立一个最小规模。即使创业者预计在企业生产经营规模较小时，短期内的间接费用较低，但随着企业生产经营规模的增加，间接费用会逐步增加。

为什么我能比别人做得更好

即使创业想法是可行的且值得去做，也并不一定意味着提出这个想法的人能够做到或者做得最好。创业者要问问自己这个问题："为什么我是实施这个想法的最佳人选？"答案可以是以下几项的任意组合：

- 我拥有所需的专门综合技能；
- 我能获得或者掌控所需的技术；
- 我能进入垄断市场；

[①] 除与产品或服务的创造有直接关联的如直接材料费、直接人工费和直接第三方费用外，其他的企业生产经营费用被称为间接费用，包括财务费用、广告、保险、法律费用、日常用品、税费、利息成本、维修费用、旅行成本、水电费等。

- 我能获得所需的资源；
- 由于个人原因或者周围环境而激发了我的创业热情；
- 我在该技术、流程、市场或领域有一定经验；
- 我有一定的人际关系网、职业关系网、政治关系和社会关系；
- 我在该市场或领域从事相关工作；
- 我有一定的语言文化知识；
- 我能够组织一个拥有所需综合技能的管理团队；
- 我本人的情况和所处的人生阶段有利于创业的进行；
- 我能够控制营销机制。

如果创业者不符合以上任何一种情景，那情况就不那么有利于创业了。从创业者能够提出想法来看的确是有备而来，但也带来了潜在风险。想法往往来自于个人经验，而个人经验往往是不可复制的。提出想法的人可能因为个人相关性或者在相关领域的知识背景而考虑更多细节方面的问题。这一点确实对他有利。但在实施创业计划的时候，每种创业都会展现出其独特的风险体系和不确定性。除非出现上述情景中的至少一种，否则其他人很容易通过观察创业者的行为和所犯的错误中吸取教训，然后复制创业者的想法并加以适当改进。复制这一想法的人不用为原创业者不可避免会犯的错误承担成本，因此所承担的风险也较小。其他人如果能够获得大量资源，就能获得更快的发展，并将原创业者逐出市场。

模仿者为何做不到

因此，寻求问题 4 的答案就尤为重要了。什么能阻止其他人模仿我并在我之前获得所有利益？这一问题的答案往往和问题 1、2、3 的答案有关。如果创业想法的核心是某种新的技术、流程、方法或者设计，那么创业者可以尝试申请专利，这样就能阻止其他人复制他的想法了。专利能在一定时间内阻止别人抄袭。对创业来说这段时间足够用来获取大部分利益了。然而，在某些情况下，创业企业会选择保守商业秘密而不是申请专利。因为申请专利需要披露所有细节，这样一来竞争者更容易对这一想法进行改进或者找到变通方案。例如，可口可乐就没有将其配方申请专利，而是将它作为商业秘密保守了一百多年。在某些情况下，创业者可以确定其他人因为当前的许可要求、配额限制、章则条例、政治限制、对原材料或营销渠道的专有权等而无法模仿他的想法。所有这些让其他人难以复制创业想法的因素都被称为进入壁垒。有时，实施一个创业想法所需的高额资本投资就是一种进入壁垒。在这种情况下，原创业者也很难实施他的想法，但如果他能获得所需的资本投资，资本要求就成为了其他潜在模仿者的进入壁垒。

当普通的进入壁垒不存在时，创业者可以依靠先行者的优势。最先实施创业想法的人是从自己的错误中学习，而不是从别人的错误中学习，因此能更快、更好地吸取教训。先行者知道创业的所有细节，因此可以更好、更快地实施创业想法，从而获得大份额的市场回报。足够大的目标市场值得创业者在没有进入壁垒的时候进入市场。如果创业者能够获得大量资源并快速灵活地实施创业想法，他的先行者优势就可能让其获得最大的市场份额。在这些情况下，速度往往就成了关键因素。在其他情况下，市场规模可能只够支撑一家企业，这时市场规模就成了潜在模仿者的进入壁垒。

创造的价值足够大吗

这就引出了最后一个问题。是否可能创造出足够的价值让所有的参与者都得到应得的份额？创业想法可能对以上四个问题都能给出满意的答案，却无法解决这个问题。如果创业想法创造出的价值不够所有参与者分享，即使这一想法可以实现，也并不值得创业者去实现。这种情况可能是创造的价值本质上是边际的，即相比现有的解决方法，创业想法带来的改进不够大；也可能是新的解决方法虽然对现状有极大改进，但只影响了小部分人。因此，过小的市场规模会让创业想法失去吸引力。创业想法需要创造足够的价值来补偿投资人所承担的风险和所投资资金的时间价值[①]，以及劳动者所付出的时间和精力。有时，创业想法的高度不确定性可能会让投资人觉得没有得到应有的补偿，即使这一想法对现状有极大改进并影响了一个相当大的市场。

你准备好了吗

　　创业者往往将过多的注意力集中在创业想法、解决方法，以及其他优势上，而不会意识到如果不被实施，再好的创业想法都不会给任何人带来好处。创业想法的实施很大程度上依赖于所需资源的可获得性，但最重要的是资源背后的能量是否可以将这一想法变成现实。创业最重要的组成部分往往是创业者。这并不是说优秀的创业者可以让不好的创业想法获得成功，而是说再好的创业想法都会因为创业者缺乏充足准备而走向失败。当投资人投资一个创业想法的时候，他们投资的实际上是想法背后的创业者。没有投资人会愿意投资一个并没有对创业可能需要付出的代价完全做好心理准备的创业者。创业者的中途放弃将损失投资人的财富。后面的章节也会强调这一点，即当一个人出资帮助你实现创业想法的时候，他们实际上是在对你进行投资。创业者本人和创业想法一样重要，甚至比创业想法更重要。如果没有给投资人留下诚信正直、踏实稳重的印象，那你就不可能获得投资。

[①] 这是一个金融概念，指当前所持有的一定量货币比未来获得的等量货币具有不同的价值。后面的章节会详细分析这一概念。

责任感

因此，重要的是进一步确定你明白自己需要怎么去实现创业想法，以及你是否适合创业。首先，很多创业者开始创业都是为了成为自己的老板。他们不想非得别人批准才能去休假。他们希望可以在有需要的时候随时离开办公室去参加儿子的生日聚会。如果上面这些句子描述的正是你的创业动机，那你可能不适合创业。因为当你真正辞掉工作开始创业时，你的老板不再是一个人，而是多个人。你将不得不向投资人、客户、供应商、政府甚至属下员工汇报工作。成为创业者后，你需要为所有参与创业的人的福利负责，不管他们参与了多少。你对他们的责任感带给你的束缚远比向一位老板汇报工作带给你的不适更强烈。其次，你每周花在创业上的时间，很可能是之前工作时间的两倍甚至更多，参加孩子生日聚会的可能性也会更小。

创业者的社会成本和健康成本

创业者不仅仅是选择将自己的事业和财富置于险境，还让对他来说更为重要的家庭也处于危险中。创业不可避免地会对创业者的家庭带来损害的风险。为实现梦想，创业者为创业付出的时间将多到令人难以置信，因此，他无法对伴侣和孩子尽到应有的义务。如果创业者的家人并不支持他创业，那么家庭关系很快就会变得冷淡。即使家人一开始是支持创业的，但渐渐创业者和家人都会觉得负担太重、无法承担。不能遵守承诺、忘记纪念日、缺乏沟通，这些都会造成负面影响。此外，由于在创业过程中一直处于高压环境中，创业者的生理健康也会受到很大影响。这些挑战都很难克服，除非创业者对梦想的重视远超过对其他事情的重视。通常创业者出于对成就一番事业的渴望和对社会的义务，以及对更大利益的追求才能在创业过程中坚持下来。

创业前

创业后

对不确定性和异常泰然处之

创业者不仅要明白所有的风险，还要具备某些必要特征。他们最大的特征是能对模糊性和不确定性泰然处之，其次是他们很灵活，有可锻性。但讽刺的是，往往创业者同时又得是固执的，才能在不可避免的挑战中坚持下去。由于创业的本质使然，创业者经常会发现自己处于一个未知的领域，有无数的问题出现，却找不到可靠的答案。然而，为他工作的团队会向他寻求指导和答案。创业者需要有勇气去根据不完全信息做出决策。另外，创业者将超过 90% 的清醒时间用来和一小群人奋战创业项目。即使不和团队在一起，创业者也可能会被与创业有关的问题纠缠。他的行为在他人看来是异常的。优秀的创业者需要能够面对自己和常人的异常之处，并能接受其他人的不理解。

公司创业

也许你觉得自己不适合创业了，但你也不用因此而感到绝望，你还有其他选择。幸运的是，公司创业即内部创业，这一新概念已经在美国的企业中扎根。经常会听见 CEO 们说在员工中提倡创业，有些企业如 3M 公司（Minnesota Mining and Manufacturing）很早以前就有这个概念了，但在过去的 15 年里，更多的企业开始宣称这一概念。如谷歌这样的企业要求员工将部分时间花在试行新想法上面。他们有合适的构造来推广和资助这些新想法，并将企业的研究、技术和资源用来支持这些有价值的想法。这一概念为创业者提供了最好的选择。创业者既能按时拿到稳定的薪水，又能如愿创造能影响很多人的新事物。此外，在公司创业的背景下，他们成功实施想法的概率更高。因为在现有企业旗下，创业者较易获得资源、技术、信誉、营销支持和分销渠道。显然，这也意味着创业者对创业项目的控制减弱，对创业项目所创造出的价值也只占了相对较小的份额。但是，这一模式降低了创业风险，创业者在其他方面如家庭上的牺牲也较少。

出售创业想法

如果你发现自己不愿意忍受创业的艰苦，但又已经发明了一种在你看来具有商业可行性的某种事物的原型，那你还有其他选择。你可以试试以知识产权的形式向行业内的现有企业出售你的概念。不过，在这样做的时候得非常谨慎。可能现有企业的研发团队也在钻研类似的想法。除非你已经给自己的发明申请了专利，否则有可能既没能和现有企业达成交易，还无意中帮了他们一把，这样反而给自己带来了难以克服的挑战。一旦现有企业的领导看到了机会，现有企业就会以你个人无法企及的力量和速度用企业的已有知识和技术实施想法。

此外，也有专门匹配独立发明者与现有企业的代理机构。这类机构在找到有兴趣购买你的发明的企业后，会收取你的收益中的很大份额作为佣金。这一选择仅供那些不愿意自己费力去找合适企业的人，而这些人忙于个人的日常生活，难以获得指导或者约见有商业头脑的人。在建立原型和发明事物之后，他们不知道要从何下手。在百度、谷歌上面简单搜索一下就能找到承诺将他们的想法变为财富的网站。然而，代理机构也有可取之处。这些机构有专门负责知识产权和谈判交易的法律团队。因为他们的佣金和你的收益直接挂钩，因此为了获得高额佣金，他们会在谈判时尽量让你的发明以高价售出。申请专利非常复杂，需要大量的法律指导并支付大量的法律费用。一些发明者不愿意为申请专利投入高达 50 000 美元的费用，他们会联系这些机构，它们会帮助他完成整个流程直到最后售出发明。当然，机构这么做的目的就是为了获得高额佣金。

发明者注意事项

创业者往往会在日常工作的同时钻研想法，开发原型。这种做法有一定风险。你的老板可能会将你的发明占为己有，尤其是当你在这一过程中使用了老板的财物时，这里的财物包括数据、仪器、计算机、打印纸等。在你的发明和工作内容属于同一领域时，老板将其占为己有的可能性非常高。如果你是工作领域的专家或者对该领域有一定的洞察力，这也会让老板对你的发明更感兴趣，那他也更可能会占据你的发明。因此，发明者要确保所有与发明有关的事情都在非工作时间完成，发明的整个过程都要始终使用私人财物。可以对所有步骤都进行适当的记录来证明这些都是在非工作时间完成的，没有占用你在工作时间的注意力和精力，在某些情况下这种做法是很有用的。

第 4 章

商业计划书的撰写

商业计划书的撰写 | 第 4 章

　　假设你已经找到了第 3 章提出的问题的答案，并初步分析出你的创业想法具有一定价值，而且你能在成功实施想法后，从创造出的一些价值中获益，而你也坚定了自己进行创业的决心，那么不管你选择创办新公司还是以公司创业的形式开展项目，你对创业想法进行提炼、传达和实施所需要的步骤的基本要点都是一样的。本章将从创办新公司的视角来探讨这一问题。

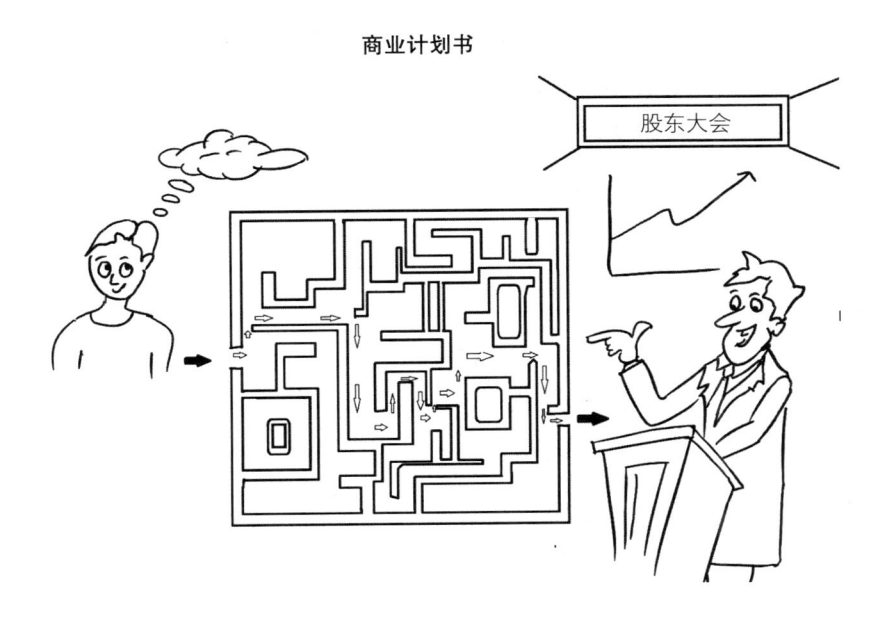

商业计划书

商业计划书的意义

如果你在百度或谷歌上搜索"商业计划书"一词，你会发现一些帮助客户撰写商业计划书的网站。事实上，在美国有些公司专门负责撰写商业计划书，他们开出的价格是一份几千美元甚至更高（国内也有类似的代笔公司）。然而，大多数创业者没有弄明白的是，商业计划书本身并不重要，对创业者有意义的是撰写商业计划书的过程。

下面，我们详细讨论一下什么是商业计划书，以及商业计划书为什么重要。商业计划书是一份向潜在投资人或任何其他相关的外部人员介绍公司经营理念的文件。所有考虑出资投资的个人或团体都希望知道以下内容：

- 你计划做什么？
- 你是谁？你的背景是什么样的？你值得信赖吗？
- 团队里有哪些成员？他们有实现这一想法的能力吗？值得信赖吗？
- 你计划做的产品现在有市场吗？市场有多大？
- 你的计划在技术上可行吗？能被社会接纳吗？
- 你可能面临哪些威胁和挑战？这些威胁和挑战能被克服吗？
- 有阻止其他人模仿你的进入壁垒吗？
- 你如何在别人之前从这个项目的价值中获益？
- 实施这个想法需要哪些资源？
- 你将如何对产品或服务进行营销？
- 竞争怎么样？你打算如何面对竞争？
- 是否制作了进度表，以判断一切是否按预期进行？
- 你对财务结果的预测是什么样的？
- 投资者将如何收回成本？

创业者会将商业计划书和筹集资金的任务联系起来，但即使目前不需要外界资金，创业者也需要撰写一份商业计划书。因为创业者往往是在撰写商业计划书的过程中意识到，尽管他的创业想法能对现状有很大改善，但将这一想法变为现实需要大量的资本投资，考虑到可能的风险和预期的结果，如此大量的资本投资可能并不合理。如果在将个人积蓄投入创业之前，创业者就能认识到创业想法在经济上不可行，那就比在投入后才认识到这一点要好得多了。

对于创业者而言，商业计划书在撰写完成且打印好以备展示后往往就作废了。然而投资人基本不会为一个没有商业计划书的创业者提供资金。投资人可能不会阅读计划书，但是他希望创业者已经经历了撰写计划书的过程。为什么呢？这是因为在撰写商业计划书的过程中，创业者不得不从各个角度对计划的执行进行全面和认真的思考。这样一来，实施创业想法的所有关键点都不会被忽视掉。这一过程迫使创业者完善创业想法并将细节概念化，也帮助创业者发现挑战和机会，并量化事物。量化事物不仅有利于创业者和喜欢考虑数量问题的投资人进行沟通，也有利于创业团队的内部交流。最重要的是，撰写商业计划书的过程帮助创业者确认他的想法是可以实行的，或者发现他的想法不可能实行或不值得实行。

形式和内容

无疑，商业计划书反映了创业者对创业的态度是否认真，这一点非常重要。几张订在一起的打印纸是肯定不足以体现创业者的认真态度的。但是，如果计划书是用有香味的墨水打印在昂贵的纸张上，创业者会被认为是在浪费资源。最好是将计划书做成有塑料封面且规则的装订本。计划书中不能出现任何拼写错误、语法错误或打印错误。这些错误可以轻易避免，如果出现了就说明创业者不够重视细节，后果是投资人可能不顾计划书的优点而直接把它扔进垃圾桶。而且，这也直接体现了创业者对待工作的态度是足够重视和认真的，这也是投资人非常看重的。有些人认为，在考虑给创业项目投资大量资金时，投资人会更注重计划书的内容而不是形式，但事实上他们对形式和内容同样注重。

一个潜在的投资人花在阅读计划书上的时间一般不超过5分钟。因此创业者需要在这5分钟内向投资人传达创业想法中最重要的方面，并说服投资人继续阅读下去。考虑到投资人不可能在5分钟内对你和你的创业想法有充分了解，因此他们会更多地通过计划书的形式而不是内容来对你进行推测。计划书必须条理清晰，厚度最好控制在20页到30页之间；内容需要简洁明了，与计划书没有直接关联的材料可以放在附录中，只需在正文中提及即可。附录应该随时准备好以供投资人翻阅。商业计划书的封面上应该提供创业者的联系方式，这样投资人在想了解关于计划书中任一内容的更多信息时，就可以很容易地联系到创业者。

商业计划书的内容

现在我们来看看商业计划书中的那些重要部分并逐一进行详细讨论：

- 执行概要；
- 公司简介；
- 市场分析；
- 营销策略；
- 运营计划；
- 管理团队；
- 财务计划；

- 关键风险；
- 进度规划；
- 退出策略（也称为收益策略）。

执行概要

执行概要作为商业计划书中的第一个部分也是最重要的部分，应该在计划书其他部分全部完成之后才着笔写。顾名思义，执行概要是计划书内所有信息的概要。很多投资人阅读计划书的时候都只阅读执行概要，不会管其他部分。执行概要必须能够作为一份独立文档出现，里面需要包含计划书中所有其他部分的关键信息，但长度不能超过三页，最好是只有两页。

公司简介

这一部分应该首先介绍公司名称。如果公司名称有特殊意义，那么也要对意义进行说明。上文中说到，执行概要必须能够作为独立文档出现并且应该放在最后写，因此，公司简介实际上是计划书中第一个动笔写的部分。在这一部分中，你需要向投资人介绍公司所在的行业、该行业内的趋势，以及你打算抓住的一些具体机会。这里可以引入对你计划创办的新公司的描述。为引起投资人的兴趣，你应该介绍一下你创业想法的潜力。一旦说到潜力，你就不可避免要使投资人相信你能做到你所说的话。所以你需要介绍你的优势，如知识产权（专利、版权和商标）、独特技能（可以是技术方面的）、监管优势或者特殊情况等。这一部分中可以解释一些重要的技术概念，以供后文使用。但要记住，商业计划书不是技术文件，你所面对的投资人也很可能并不是这一领域的技术专家。因此，计划书中只能出现那些对理解公司模式并判断其潜力必不可少的技术概念，且要以简单易懂的方式进行阐述，其余的细节可以在附录中给出。

市场分析

前面提到了创业想法及其潜力,现在我们来看看细节方面。在市场分析中,你需要说明市场规模有多大,以及存在现有竞争者和潜在竞争者的情况下,你能真正占领多大的市场份额。这部分给出的销售预测是计划书下文中财务预测的基础。市场分析的第一步是确定和定义市场。这一步并不容易,也并非微不足道。对市场的定义可以广泛到将产品或服务的所有潜在客户都包括在内,也可以狭义到只与产品或服务有直接关联和影响的市场。比如,对一家计划出售新型电动剃须刀的公司来说,它的市场可以被广泛定义为全球的面部毛发美容产品市场,或者国内的剃须刀市场,也可以被狭义定义为国内的电动剃须刀市场。一旦确定了市场的定义,创业者就要进行市场调研来确定市场规模(如每年销售价值多少金额的电动剃须刀)。调研公司可以为客户提供这种定制的分析服务,不过收费很高。因此创业者通常从这些公司购买那些低价的现有报告,再将买来的报告和从其他公共来源或互联网得到的资源结合起来,自己进行分析。这些分析往往包括主要行业趋势、人口结构变化、监管环境、社会经济形势等,分析的目的在于预估公司在未来几个月或未来几年的销售情况。创业者可以从对产品或服务感兴趣的潜在客户的数量开始进行分析。如果已经有了一定数量的客户,可以此为基础来分析趋势。投资人不会接受公司在多少年内便能占领多少市场份额的说法,除非这一说法是建立在客户意见、实际销售、历史记录及其他合理前提的基础之上。此外,预估出的所占市场份额和创业者对市场的定义是直接相关的。五年内,创业者的公司可能会占据他所居住的城市的电动剃须刀市场的20%,但是基本不可能占据哪怕是1%的全球剃须刀市场。而且,创业者的预估必须符合所在行业和客户群的综合增长。

作为创业者,你需要预估产品或服务在未来的销售量和销售价格,而这些取决于你的公司和产品在竞争方面的优劣势。一份完整的市场分析必须包括对现有竞争者的详细研判，以及他们可能对你的行动作出哪些反应。如果你觉得在你以具有竞争力的价格引进新产品或服务后，这些竞争者不会作出任何反应，那你的想法就太天真了。在进行竞争分析的时候，要重点关注质量、保修、售后服务、价格等方面。如果最近有公司进入了这一行业，或者现有公司退出了市场，你需要试着去分析这些举动背后的原因，以及这一进入或退出对你公司的影响；也要解释为什么致使现有公司退出的因素不会对你的公司产生同样的威胁。在进行市场分析的时候，要尤其注意分别阐述你的公司、整个行业，以及其他竞争者的预期盈利能力。如果一个行业的潜在销售量很高，但一直不盈利或者有可能不会盈利，那你就不应该进入这个行业。如果高度分散的市场里面只有几家政府资助的企业，这种情况下，即使市场规模很大，对你的公司来说却可能既不保险也没有盈利机会。

营销策略

营销策略应该详细说明你打算通过何种方式接触客户。首先，你必须确定最需要你的产品或服务的客户群体。一旦确定了客户群体，你就可以针对客户群体制定营销策略，让他们知道你的产品或服务的存在，并通过密集的销售活动来说服他们使用你的产品或服务。在确定你的产品在价格、保修、服务、交付、体验、创新等方面有哪些特色后，你就可以在促销信息中强调这些特色以提高销量。如果你有独特的营销理念，也要在营销策略中强调这些理念。

你的营销策略应该表明以下三点：

- 你了解你的潜在客户；
- 你已经计划好通过精心策划的渠道去接触他们；
- 你的计划会重点强调产品或服务的特色，以此增强你的竞争力。

一份精心策划的计划是营销成功的关键。为达到上一部分预估出的销售水平，你需要采取一些营销活动，而制定营销策略的过程有利于预估和规划这些营销活动的财务开支。在探讨价格策略时，你需要证明你的定价足以支付生产成本，还留有足够的利润支付营销和分销费用，以及提供保修、退货、换货等售后服务的费用。需要注意的是，最低价格策略不一定是最好的策略。合适的价格策略能让你进入市场并保有一定的市场份额。此外，如果你的产品或服务足够新颖或者质量足够好，或者较高的定价更符合你的整体营销策略，那你就可以也应该比竞争对手定价更高。

运营计划

运营计划可能会相对容易写一点。一般可以从公司的选址说起，详细阐述选址特点，包括和客户、供应商距离较近，也方便以较低工资招到熟练工人。有时地方政府为吸引新的企业入驻，会在税收优惠、土地审批、管理条例方面采取特别的激励措施。创业者和有意愿给新公司投资或者贷款的投资人或银行的接触也十分重要。如果公司需要特殊的设备，运营计划还要说明公司将如何获得和维护这些设备。公司的选址对公司从供应商处运来原材料的运输成本和公司将成品交付给客户的运输成本都至关重要。在运营计划中还需要说明与产品制造相关的问题（如技术许可证）或与服务交付有关的问题，以及生产销售所需的与其他公司的特别合伙事宜。所有这些因素的财务成本会在后文中的财务章节进行探讨。

对于一些企业，特别是创新型企业，研发可以说是企业生产经营的核心。在这种情况下，商业计划书中应该有一个新章节来探讨研发过程中的重要细节、进度表以及研发成本。在其他情况下，研发过程可以在运营计划中讨论。不管在哪一部分讨论研发过程，创业者都应该解释产品或服务设计研发过程的不同阶段，以及项目状态如技术原型、进度延迟、成本超支等。如果研发过程需要特殊的实验室、设备或资源，创业者需要详细说明自己计划如何获得这些资源。与开发设计相关的风险也需要特别提及，给出的预算需要详细列出与研发过程相关的成本。

我们的"政策"是分期发放贷款。

只有在完成了一楼的拆迁后，你才能得到其他楼层的拆迁费用贷款。

他是不是糊涂了！难道他不知道拆楼不是像盖楼那样要一层一层的来？

CEO 摩天楼拆拆股份有限公司

管理团队

这一部分是继执行概要之后最有可能被投资人阅读的部分。正如我之前提到的，投资人投资的不是创业想法和潜力，而是真正去执行创业想法的人（即你和你的团队）。因此，让投资人知道你们是谁这一点很重要。在计划书的这一部分，你的目标是证明你拥有合适的团队，而且你的团队有能力帮助你实现你的创业想法。这一部分需要说明你和你的团队拥有所需的技术技能，以及从逻辑上来说对执行创业想法最为重要的团队纪律。投资人希望确认的是，你和你的团队成员都不会在公司进展艰难的时候放弃它。为此，你可以通过强调团队成员有在之前完成过重大项目的工作经验来证明这一点。

计划书的这一部分包括以下几点：

- 主要工作人员的姓名、职位、背景，及他们拥有的核心能力和行业经验的简要说明；
- 管理团队每个成员的完整简历；
- 董事会及顾问委员会成员及主要顾问的姓名及简介；
- 股权结构；
- 组织结构；
- 主要工作人员、董事会成员、咨询师和顾问的薪酬协议。

财务计划

所有上文描述的计划书中的行动都会对公司的财务状况产生影响。计划书的这一部分以销售预测（这里的销售预测是在计划书第 3 部分市场分析的基础上发展而来的）为出发点来分析财务影响，接着对和营销计划有关的各种成本支出进行分析，包括前面讨论过的广告和价格策略、运营计划、研究和开发、薪酬协议等。创业者需要确保计划书中的所有行动的财务影响都被纳入了财务预测中，没有遗漏。这一部分的目的是证明创业计划的财务可行性。

创业者需要准备的预计财务报表有资产负债表、损益表和现金流量表。投资人通过这些报表判断公司是否有可能在将来获得足够的盈利以满足自身需求，以及是否能够获得预期的融资。创业者应该给出创业至今的实际财务报表，然后根据计划书预计至少未来三年的财务状况。预计收益表能让投资人了解创业公司的成本结构，并对公司的运营收益做出判断。资产负债表作为公司总资产的指示，是达到计划运营水平和完成融资（通过负债如向银行或者供应商贷款等，或者通过创始人和投资人的股权投资）所必需的。现金流量表是最重要的财务文件，显示资金流入和流出的金额及时间。维持经营活动所需的资本投资的金额和时间将有利于投资人评估未来的融资需要和公司预期财务状况。投资人非常希望了解该公司未来可能需要多少额外融资。未来的融资条件对当前投资人的持股比例和投资回报的可能性和幅度都有显著的影响。现金流量表也能帮助创业者确定营运资金需求的高峰时间，从而制订相应的计划和安排（如从银行获得信贷额度）。

这一部分包含的额外信息一般是盈亏平衡分析。创业者应该计算所需的销售水平，以涵盖所有的成本，包括可变成本（随生产水平变动的成本，如生产人工成本、材料成本、销售成本）和固定成本（不会随生产水平变动的成本，如租金、利息、薪酬管理）。除非自身拥有强大的财务会计背景，否则创业者一般会让专业财务人员负责编制财务计划的工作。财务计划需要清楚地阐明所有的假设情况。创业者应该测试项目在不同假设情况下的可行性（如最好的情况、一般情况和最坏的情况）并为每一种情况制订计划。看到这种类型的分析时，投资人会认为创业者为开展创业做了很好的准备。

关键风险

开办创业公司的整个想法都充满了风险。创业者需要能够认识到这种风险的存在，并制订计划来应对这些风险。以下给出的风险在所有创业活动中都存在：

- 整体经济衰退；
- 行业趋势不佳；
- 主要工作人员去世或流失；

- 法律挑战和不利的监管变化；
- 未能获得专利或监管机构的批准；
- 产品存在设计缺陷；
- 消费者拒绝接受相关产品或概念；
- 无法及时采购原材料；
- 供应链或营销链中断；
- 卷入计划外的竞争。

以上给出的这些风险并不详尽，对创业的重要程度也不同。创业者应该确定在具体创业时哪些风险最为关键，并为最坏的情况做好应对计划。投资人希望他们投资的创业者能够认识到风险，并为意外事件做好准备。

进度规划

在这一部分，你需要为计划完成的重要活动制作进度规划。创业就像一段旅程，而进度规划就像沿途的标记，帮助确定你已经走了多远，距目的地还有多远。沿途的标记可以是有固定间隔的标示物，也可以是标出的非等距的主要城市。同样，创业者可以按固定时间间隔（如每个月或者每个季度）内要完成的活动进行进度规划，或者按成功创业的重大成就（如开发第一个原型、获得监管机构的批准、第一位客户、第一次交付、实现百万美元的销售额等）来进行进度规划。进度规划的具体定义并不重要，重要的是创业者确定了重要活动与执行时间，从而向投资人表明他已经做好了具体安排。

投资人永远不会给创业者创业所需的全部资金。他们往往会承诺，在创业者完成进度规划上标明的某些重大成就后，就给予一定数额的资金。假如创业者在一定期限内未能完成承诺，这种逐渐而零碎的融资方式能让投资人重新考虑，分析延迟或者失败的原因，重新评估该创业的投资风险。

退出策略

本质上，投资者只关心一件事——他们的资本回报。他们投资创业公司是为了能够在未来以更高金额出售他们的投资。投资人不会让他们的资金在一家公司被套牢 10 年甚至更久。他们往往要求公司有一个合适的计划，能够让他们在最多 5-7 年内就能撤回投资，并获得可观收益。为吸引稀缺技术人员，新创立的公司往往以员工股票期权或限制性股票的形式给予这类员工一定的股权。这些员工在将来的某个时间也会希望将他们拥有的公司股权转换成现金。投资人的退出方式有：

- 公司可能被另外的企业收购；

- 公司可以通过首次公开募股来上市；
- 高资产净值人士和机构能通过私募从现有投资人手中购买私营公司的股权。尽管事情一般不会和计划一样顺利，创业者也需要在商业计划书中给出退出策略和继任计划。商业计划书中的退出策略表明创业者能察觉到投资人的需求，继任计划则表明创业者能区分公司和个人，并将公司的需求置于个人需求和观点之上。

尽管商业计划书很重要，但我还是要再强调一次，商业计划书仅仅是一个计划书。再好的计划也可能毫无用武之地。在整个世界都发生改变的时候，如果创业者仍然固执地要按计划来，那他注定会失败。一个成功的创业者会根据行业变化、客户反馈和投资人反馈等不断更新计划。正如前面说到的，商业计划书在撰写完成并打印好的那一刻起就已经作废了。商业计划书本身并不重要，对创业者有价值的是撰写商业计划书的过程。

第 5 章

融资

在试图实施自己的创业想法时，大多数创业者都会因缺乏资金而受到约束。不少的发明者拥有的是工科背景，大都太执着于完善原型或整理细节，往往因没有商业或者财务背景，不习惯用商业思维进行思考。他们通常太专注于让世界变得更好、帮助人类等想法，以至于无法理解和进行创业的成本效益分析。因此，这类创业者有必要在创业团队中招募一个有商业头脑的成员来进行可行性检测。这位具有商业头脑的成员可以完成所有必要的分析，最重要的是，他能和潜在投资人进行沟通。

团队的重要性

投资人一般不会投资个人项目，他们更喜欢那些由团队执行的项目。团队的存在确保了技能的互补，如技术技能与商业技能的互补。成功的创业团队内至少有两位成员拥有这两种技能。拥有技术技能的成员能确保创业想法中的缺陷或障碍得到妥善处理，而拥有商业技能的成员能确保实施创业想法所需的资源能及时获得。

资本的重要性

创业的融资过程是实施创业想法所必需的。在开始融资之前，我们首先要了解为什么融资是实施创业想法最需要的一步。不管创业想法有多大价值或者现金流如何丰富，它都需要一定程度的资本投资。通常情况下，创业者在开始创业的时候需要一些资金来准备产品原型或者测试创业想法的可行性。完成概念验证[①]后，创业者就需要大规模生产产品或提供服务并将其交付市场。这一阶段就需要资金来制造产品、提供服务、管理生产经营流程，以及扩大公司规模。在这一阶段，创业者需要尽快抢占市场份额来抢占先发优势。在这一阶段无法快速扩大公司规模的创业者将面临着被资本更为雄厚的竞争者打败的风险，竞争者会从该创业者的错误中汲取经验并抄袭他的创业想法。即使创业者的创业想法有专利或者其他形式的知识产权保护，规模的缓慢扩张也会让潜在的竞争者有机会实验可行的替代品或者原创业想法的变通方案。这一阶段的创业者不仅需要花钱来生产产品或服务，还需要花钱将新的产品或服务推向市场，而这往往意味着高额的营销成本。即使创业想法在创业初期已经产生了很高的利润，也可能还是需要融资来满足呈指数增长的资本需求。

初次创业者和连续创业者

创业者可以分为两类：初次创业者和连续创业者。初次创业者往往缺乏足够的资金来独立实施创业想法，然而，一旦创业想法得以成功实施，创业者就能获得大量财富。这类初创者通常不会满足已获得的荣誉。他们会受个性驱使，很快就开始渴望另一场冒险，因而会成为连续创业者。考虑到他们过去的创业经历和现在所拥有的大量财富，这类创业者会在后面的创业中经

[①] 概念验证指论证某一想法的可行性，能证明这个想法是否能被实施或者使用。

历与之前显然不同的过程。他们不是本书的主要读者，本书主要是针对初次创业者，因为他们拥有的资源往往十分有限。

融资之旅

自己掏腰包

获得创业资金的第一步无疑是创业者和合伙人自己掏腰包。掏腰包可能是为了获得制作原型所需的基本部件，也可能是为了进行概念验证。除非创业者将自己的时间、精力或财产冒险投入创业中，否则很难说服别人进行投资。我们之前提到过这一点，在后面也可能会再次提到，当投资人进行投资时，他们不仅仅是在投资创业想法，更是在对创业者个人进行投资。他们想确定创业者会尽最大努力将创业想法变成现实。投资人的财务状况掌握在创业者的手上，因此他们想确定创业者不会一遇到问题就逃跑。他们确定的方式就是确认创业者也会在创业失败后遭受很大损失。投资人希望创业者自己也将大量的个人财产投入到创业中。因此，融资几乎总是从创业者和他的合伙人开始。

朋友、家人和傻瓜

一旦你将大笔个人财产投入创业，和你有情感联系且非常了解你的能力和性格的人往往最容易被你说服，从而给你的创业想法投资。他们就是你的朋友和家人。这些人能力有限，判断不出你的创业想法的真正价值，但是因为他们和你之间的关系，使得他们无论如何都会投资。然而，当你决定接受他们的投资时，你实际上是在进行一场更大的赌博。如果你的创业失败了（经常会发生创业失败的情况），你不仅失去了你的财务投资、时间和金钱，还削弱了在这种时候尤为重要的安全保障，如破坏你和家人、朋友的关系。

在创业的这一阶段进行投资的一般被称为家人、朋友和傻瓜，因为这一阶段做出的投资是基于情感的，往往会造成损失并伤害感情。在对你的创业进行投资时，你的朋友和家人要么是想要以合伙人的身份获得公司的一部分股份，要么是愿意在没有任何实质抵押品的情况下，仅以你的承诺为担保向你提供个人贷款。

孵化器或加速器

创业者可以选择的另一个途径是寻求孵化器或加速器的帮助。这些机构专门帮助和促进创业的起步。它们提供创业指导和基本资源，这样创业者就可以专注于公司生产经营的核心方面而不用在一些行政任务上浪费时间。尽管存在一些误解，但孵化器和加速器并不相同。

加速器，顾名思义，通过为新创公司提供指导和启动资金来加速初创公司的成长。加速器希望获得新创公司的一小部分股份作为报酬。它们的目标往往是为公司准备下一轮的融资，并且它们只为新创公司工作一小段时间，通常是90天。孵化器不为新创公司提供资金，也不会要求获得新创公司的部分股份。孵化器通常和大学或其他政府机构有关，它们在促进就业方面有一定的既得权益。

孵化器和天使投资人、风险投资人[①]以及能指导有抱负的后辈的成功创业者紧密相关。与加速器不同的是，孵化器不是在有限的时间段内为创业者服务。它们为创业者提供指导，以帮助创业者按自己的速度进行创业。一些孵化器还提供办公场地、会计服务、法律指导等有形资源。

孵化器更多地为处于起步阶段的新创公司提供服务，而加速器则是为略

---

① 天使投资人和风险投资人为创业企业进行投资，接下来的几节会对他们进行介绍。

为成熟的公司提供服务。加速器一般不为个人企业提供服务，只有拥有一定组织框架的公司才能进入它们的加速项目。

获得加速器或孵化器的帮助并不容易，它们的帮助也不是成功创业的保证。创业者往往需要通过一定的渠道来进入加速或孵化项目。此外，这些机构往往更看重基于技术的新创公司。

当然，进入加速或孵化项目也会面临一些弊端。有的时候，创业者发现他们的导师将他们推向了另一个方向，这个方向与创业者的个人愿景有很大不同；还有时候，由于导师通常很忙，创业者需要等待很长一段时间才能与导师见面或者听到导师的意见，创业者很讨厌这一点。获得加速器的帮助后，加速器会要求分得公司 3%~8% 的股份作为报酬，有时候这部分股份在创业者看来太多了。然而，孵化器和加速器都可以在青年创业者最需要的时候为他们提供支持系统，它们也能为大型公司和其他企业提供开发或测试新想法的关键途径。另外，孵化器和加速器还能提供和投资人对接的机会，这对新创公司来说是非常有价值的。

天使投资人

假设到目前为止，你已经将个人储蓄存款、定期存款、信托基金中的资金，以及从朋友和家人那里获得的资金用来实施你的创业想法，那么你可能还需要更多的资金来进行创业。这时你必须寻找那些了解你并且知道你的能力和性格的有钱人。这种投资人被称作天使投资人。他们拥有很高的资本净值，他们对你的信任要么是出于他们自己对你的了解，要么是因为他们信任的人非常了解你并愿意为你担保。通常，这类天使投资人和其他高资本净值投资人关系很好。一旦他们中的一个为你投资，那这个人往往能够帮助你说服团体内的其他天使投资人也为你投资。天使投资人通常有一定的商业头脑，但你的创业想法可能不在他们的专业领域内。他们把为创业投资当成金钱游戏，他们知道这种高风险投资可能会有超高的收益，但更可能收益为零。投资创新型创业时，天使投资人需要思考创业成功后他的投资是否有可能获得十倍的收益。投资复制型创业时，收益率小得多，但获得收益的可能性更大，因此25%~50%的收益率就足以吸引投资了。在天使投资相对发达的美国，尽管没有严格的限制或指南，天使投资人的投资金额一般是2.5万~25万美元。美国的法律规定，非公开上市公司的股份投资人所持有的资本净值（包括他们的主要住所）不得低于100万美元。在真正获得天使投资人的投资之前，你可能必须先创建一个像有限责任公司那样的企业法人。投资人就是公司的股东，你也需要将所有知识产权的拥有权转移给公司。我们将在后面的第8章介绍有限责任公司和股份有限公司的创办、重要性和特征。

通常，天使投资人的投资不足以让公司一直运营下去，这是故意而为的。投资人不会在首轮融资中给创业者提供大笔资金，他们只是给新创公司提供足够的初始投资让公司得以支撑到下一个里程碑[①]。这使得投资人可以定期评估和验证新创公司的生产经营模式。当创业者试图在未来获得更多的投资以继续创业时，投资人会判断新创公司是否成功达到下一个里程碑，如果公司没有达到且无法创造最初承诺的收益时，投资人可以分析原因并停止提供资金。

如果新创公司成功进入下一阶段，创业者往往能够从现有的天使投资人手中筹集到更多的资金。这些投资人已经从创业的初步成功中获得了一定的既得利益，因此会继续提供所需资源。成功进入下一阶段意味着部分不确定性已经被解决，因此接下来的投资风险相对减小。最后，投入初始投资后，投资人希望能在创业成功后维持他持有的公司股份。另外，公司的新投资人

---

① 里程碑是指公司发展中的重大变化或阶段，比如新创企业的成功申请专利、获得第一个客户、获得监管批准或解决一个技术难题。

无疑会削弱现有投资人的地位。

尽管拥有很高的资本净值，但能够且愿意为某一新创公司投资的天使投资人，其投资金额往往受到一定限制。因此，即使进入了创业的下一阶段并且近期获得一定成功，但创新型创业对投资人来说还是代表着较高风险。如果在连续几轮的融资中都为创业投入资金，那天使投资人自身的投资组合将面临很高风险。资本净值为 500 万美元的投资人，如果初始投资 25 万美元，在创业成功进入下一阶段后再投资 25 万美元，可能会认为在高风险投资上投入 50 万美元（占个人资本净值的 10%）就够多了。因此在创业者再次向该投资人寻求投资时，该投资人可能不愿意进一步投入资金。此外，由于新创公司已经有所成就并进入下一阶段，公司价值显著增加，因此后续的几轮投资规模会更大。

创业者可能最初从个人资产中拿出 1 万美元来建立初步原型，接着将从朋友和家人那里筹集而来的 5 万美元用来改善原型、准备专利申请文件等。再之后的投资可能就是从几位天使投资人那里获得的 25 万美元。在新创公司有所进展并成功进入下一阶段后，创业者可能会再次找到天使投资人，寻求总额为 25 万美元的新一轮投资。然而，这一轮投资之后，再之后的投资金额可能就高达几百万美元了。这时的新创公司可能正处于上升阶段，因此需要大笔的资本投资来扩大公司规模和占有市场份额。创业者可能会发现现有的天使投资人不愿意或无法在新一轮融资中继续提供资金，因此创业者可能会为公司寻找新的投资人。

新的投资人不仅为公司规模的指数增长提供资金，还会指导公司处理未预测到的政策法规调整。在政策法规这方面，创业者往往不够老练。非常成功的创业会吸引贪婪的利益群体前来分一杯羹。环保组织、自利律师、工会、政客等都会试图找一个借口来分享战利品。成功的创业公司一定会从其他现有企业抢走顾客和交易额，因此，现有企业有理由为了生存而怂恿或资助其他各方阻碍新创公司的成长。这些现有企业在处理现有问题上经验更加丰富，与社会各方的关系更好，更善于利用政策法规程序，也有更充足的时间来制造关于它们和新创公司的公众舆论。在创业者忙于开发和执行创业想法的时候，现有企业出于某种动机，会把握好机会利用这段时间制造不利于创业者的公众舆论。在这种环境下，公司外部的投资人就非常有价值了，他们会利用自己的人脉和知识帮助创业者解决这些问题，指导创业者走过这段艰难的路程。

风险投资人

风险投资人，也就是我们通常所称的 VC。随着创业公司的增长，其运营也越来越复杂。要想成功管理这种增长，创业公司需要和几家其他领域的现有企业和新创公司建立合作伙伴关系。风险投资人往往之前是大型企业的高层管理人员，或者本身就是成功的创业者。根据定义，风险投资人为新创公司投资，并同时担任新创公司和原有企业的董事会成员。因此，他们在原有企业和新创公司里都拥有一定的人脉和影响力。为了共同利益，他们会促进不同企业之间的合作和交流。

此外，管理大型企业所需的管理技能不同于创办新公司并将其发展成中等规模的快速成长型公司所需的管理技能。要想成功转型为成熟企业，新创公司需要招聘经验丰富的管理人员。风险投资人有能力识别、吸引和聘请到合格的管理人员来完成这一转型。有时，风险投资人能发挥至关重要的作用，说服或迫使原本犹豫不决的创业者放弃自己的控制权并聘请有能力的 CEO 来代替他经营公司。作为董事会成员，风险投资人经常提出一些尖锐的问题让创业者不去进行那些从商业上看并不高明的活动。他们在董事会上提出新的方法、建设性意见和有价值的批评，这些往往能够带来改进，并增强公司的竞争力。

然而，这并不是说让风险投资人进入董事会是百利而无一害的。曾经有几家成功的创业企业拒绝接受风险投资人的资金，因为风险投资人只提供短期投资。一般而言，风险投资人给一家企业的投资一般不会超过五年；也就是说，他们一般不会投资于那些他们预测自己的投资难以在五年内撤出的创业企业。他们的目标是始终为快速成长型企业投资。一家成功的创业企业在逐步成长为成熟型企业后，如果不公开上市，其投资的回报率会相对较低。在这种情况下，如果风险投资人发现自己无法撤回在非上市公司的投资，那么他们的投资回报率就会受到影响。风险预测相对较低的成功企业不再像市场上其他新创企业那样提供高回报。因此，风险投资人会促使创业公司要么尽快被收购，要么尽快上市。这一点不符合公司的最大利益，也可能与公司创始人的愿望不一致。相比风险投资人，公司创始人对公司的看法更理想化。对风险投资人而言，为创业公司注入的投资只是许多投资中的一笔；但对公司创始人而言，创业公司是他唯一的投资。公司创始人甚至可能会将公司纳入他们的遗嘱中，他们更倾向于对公司发展持长期观念，有时候，这就与风险投资人的观念相矛盾了。

要想让投资人感兴趣，创业公司必须有潜力在未来的3年到5年内实现公司价值的多次增长。风险投资人评估公司时就是依据该公司价值增长的大小以及实现增长的可能性。对公司进行估值时，风险投资人和公司的原有股东往往要进行激烈的谈判，在双方就公司价值达成一致后，风险投资人会为公司注入一定金额的投资来换取相应的公司股份。原有股东包括公司创始人和天使投资人。相应地，原有股东所持有的公司股份比例会减少，除非他们在每一轮的融资中根据新的估值给公司投资更多资金。在每一轮融资中，天使投资人会要求获得董事会席位来保障他们在公司的利益。因此，公司往往不得不增加新的董事会席位来满足新投资人的需求。此外，根据自身投资金额以及公司其他投资人的利益，风险投资人在谈判时会为他们的投资提出更多有利条款，如资历、投票权、可转换债券的利息累积等。投资协议的要点都在一份名为条款书的法律文件中列出。公司估值和投资条件很大程度上依赖于投资人和公司的谈判地位。这就真正是在考验谈判技巧了。公司越接近于耗尽资金，就越愿意做出更大让步以获得维持运营所需的资金。另一方面，对公司感兴趣的投资人越多，投资条件的限制就越少。

现在我们以一家5年内上市的创业公司为例。

杰克是一名工程师，他在研究一个将带来巨大变革的婴儿监视器，这个监视器能解释婴儿为什么哭，且准确率高达99%。杰克个人投资了1万美元用来建立监视器的原型。这时的他拥有公司的全部股份。他的原型看起来很有前景。然而他需要更多的资金来继续建立这个原型。因此，在初始投资1万美元后的三个月，杰克向他的朋友、有相同兴趣的彼得寻求帮助。彼得愿意投资5万美元，但要求和杰克平分公司股份。考虑到公司需要资金，彼得拥有和自己互补的技能组合，以及彼得对这个创业也很感兴趣，杰克答应了这个条件。这时，公司的价值实际上是10万美元，因为彼得花了5万美元购买公司50%的股份，这就使得属于杰克的50%的股份也价值5万美元。仅仅几个月的时间，杰克就让自己之前的1万美元投资升值到了5万美元。然而，多出来的4万美元对杰克来说只是账面利润，他无法真正兑现这4万美元，他必须将所得收益继续投资于创业。

五个月后，杰克和彼得终于建立出了能投入使用的原型，正在为他们的发明申请专利，但他们的银行户头里只剩下1 000美元。为生产和销售他们的发明，杰克和彼得必须寻求更多的资金。彼得去找他那有钱的叔叔，并使他的叔叔相信他们的发明所具有的优点。彼得的叔叔同意投资10万美元，条件是获得公司25%的股份。这一投资就将公司价值由10万美元提升到了40万美元。杰克和彼得所持有的公司股份都缩减到了37.5%。彼得之前5万美元投资现在价值15万美元。彼得和杰克用这笔投资雇用兼职员工来制造产品。四个月后，他们的资金又不够了。他们希望再获得一笔10万美元的投资。他们再次找到彼得的叔叔，但是彼得的叔叔提出，如果他们能找到另外的投资人投资5万美元，他就愿意再投资5万美元。这次杰克成功说服了他一个朋友的父亲为公司投资 5 万美元入股 10%。现在公司价值为 50 万美元。杰克所持有的公司股份降至 30%，彼得的也一样。由于 5 万美元的再次投资，因此，彼得的叔叔所持有的公司股份由 25% 增加到 30%。这次的 5 万美元投资一部分用来保持他在公司的持股比例，其余的部分帮助他将股份从 25% 增加到 30%。彼得和杰克共失去了 15% 的股份，彼得的叔叔（以下称为第一位天使投资人）增加了 5% 的股份，杰克的朋友的父亲（以下称为第二位天使投资人）获得了 10% 的股份。但是彼得和杰克所持有的公司股份仍然价值 15 万美元，和之前一样。

在经历了一些小波折后，公司生产出了第一批婴儿监视器，并开始在网上进行销售。良好的口碑和反馈带来了一些订单，但是杰克和彼得意识到，要想这款产品获得成功，他们需要开展一场大型的营销活动，并获得主要零售商的货架空间。他们确定，为真正推出这款产品，他们还需要至少 50 万美元的投资。他们找了几家风险投资公司，最终引起了一位风险投资人的注意。这位风险投资人在零售行业有一定经验，他向彼得和杰克保证，他会出力让产品在两家大型零售商那里获得货架空间。这位风险投资人愿意为公司投资 50 万美元，条件是获得公司 30% 的股份。他还希望他的投资是以优先股的形式，能获得 10% 的优先股息。目前公司有三位董事会成员（彼得、杰克和第一位天使投资人），但是这位风险投资人要求公司为他新设两个董事会席位，分别属于他和他的一位密友。原有股东同意了这位风险投资人提出的条件。据上一轮投资六个月后，公司终于在银行账户上有了资金。风险投资人持有 30% 的股份，彼得、杰克和第一位天使投资人各自持有 21% 的股份，第二位天使投资人持有 7% 的股份。尽管之前的投资人所持有的股份百分比都下降了，但是股份价值上升了（21% 的股份价值 35 万美元，7% 的股份价值 116 667 美元）。

有了风险投资人的帮助，公司进行了大量宣传与推广活动，在开展新的营销活动并雇用了一些优秀的推销员后，公司的订单量有了显著增长。仅仅六个月内，公司就在婴儿监视器市场占据了15%的市场份额，但公司耗尽资金的速度也比预计的要快。尽管每成功占据一份市场份额就能带来35%的总利润，但为了开展营销活动以占据50%的市场份额，公司烧钱的速度远比盈利的速度要快。因此，董事会决定再寻求一笔1 000万美元的投资来维持闪击式营销。公司原有的风险投资人拒绝再次投资1 000万美元，但他声称自己拥有优先购买权，即可以再次为公司投入一定数额的资金以避免他所持有的公司股份被稀释。公司吸引了另一位风险投资人的注意，这位风险投资人愿意为公司投资800万美元，条件是获得公司40%的股份，这会让公司的价值增长到2 000万美元，但是公司成员认为鉴于产品获得的巨大成功，他们的公司至少价值4 000万美元。然而，考虑到公司非常需要资金来获得更多的市场份额，公司成员最终同意用30%的股份来换取800万美元的投资，如此一来公司价值就成了2 667万美元。公司的第一位天使投资人投资了剩下的200万美元。现在的情况是，第二位风险投资人持有30%的股份，第一位风险投资人持股26.25%，第二位天使投资人持股4.38%，第一位天使投资人持股13.13%，杰克和彼得分别持股13.13%。

这一轮融资成功后，公司扩大了经营规模，新设了三个生产地点，还收购了一个拥有监视器某一组件专利的小公司，提高了公司的生产运营效率。18个月后，公司获得了婴儿监视器市场30%的份额。对小公司的收购和高水平的支出使得公司又一次耗尽了资金。几位投资人决定，是时候让公司上市了。在首次公开募股前，为维持运营，公司以12%的年利率用可转换债券贷款了300万美元。公司还聘请了一家投资银行来帮助自己上市。在八个月后的首次公开募股中，公司发行了100万股，共占公司股份的20%，价格为每股 9 美元。第一个交易日收盘时，每股价格达到 11 美元。

在首次公开募股后，公司共售出 100 万股。前面说了 100 万股即为公司股份的 20%，那么彼得、杰克和第一位天使投资人各持有 52.5 万股。根据交易第一天的收盘价格，他们三人持有的公司股份都价值 577.5 万美元。公司创始人杰克最初只投入了 1 万美元，仅四年的时间就获得了将近 600 万美元的收益，这一成就令人惊叹。但这个案例中，公司创始人最终只持有 10.5% 的股份。在某些情况下，创始人能够在融资谈判时为自己争取到更多的股份。如果公司收益率高，投资人有可能会同意自己的那部分股份具有较少表决权和较多现金流权。比如说，Facebook 公司的创始人兼 CEO 马克·扎克伯格自己持有的 B 类股一股十票，但其他人的 A 类股只是一股一票。这样一来，即使创始人持有的股份远少于控制一般公司所需的 50%+1 股，他也能对公司进行有效控制。但一般的创业公司创始人不会这么幸运，他们在谈判中得不到这种优惠待遇。他们往往迫切需要资金，因此愿意接受任何报价；此外，他们也缺乏足够的专有技术、前瞻力及谈判能力来达成这种交易。

现在，根据第一个交易日的收盘价，我们算一下每一轮融资中投资人的年投资收益率（详见下表）。

时长（月）	投资人	投资金额（美元）	每轮融资带给投资人的年回报率
0	杰克	1 万	360%
3	彼得	5 万	236%
8	第一位天使投资人	10 万	184%
12	第一位和第二位天使投资人	10 万	217%
18	第一位风险投资人	50 万	225%
24	第一位和第二位风险投资人	1 000 万	26%
50	首次公开募股（IPO）		

该表仅是为了展示一些基本信息。现实中一般会存在适当的限制条件，这些限制条件阻止了公司的创始人和其他大股东在首次公开募股的三到六个月内出售他们所持的股份，这就是持股锁定期。因此，投资人的实际收益可能和计算结果略有不同。

第一，早期的投资人获得的收益远比后期的投资人高，因为早期的投资人承担的风险更高。随着公司继续获得新的进展和吸引新的投资，执行创业想法的风险显著降低。

第二，第二位天使投资人获得的收益比第一位天使投资人要高。他的投资时间比第一位天使投资人晚了四个月，但投资金额一样多。由于当时公司急需资金，第二位天使投资人在谈判时达成的交易对他更有利（但这并不代表后进入的天使投资人一般会获得更高的投资回报，这只是本案例有意构造的一种不同情况，事实上越早进入的投资人预期收益应该至少不低于后进入者的）。

第三，第二位风险投资人的收益率比其他投资人都要低得多。因为在第二位风险投资人投资时，公司已经获得了巨大利润，大部分创业风险都不存在了。

第 6 章

产品开发、分销与营销

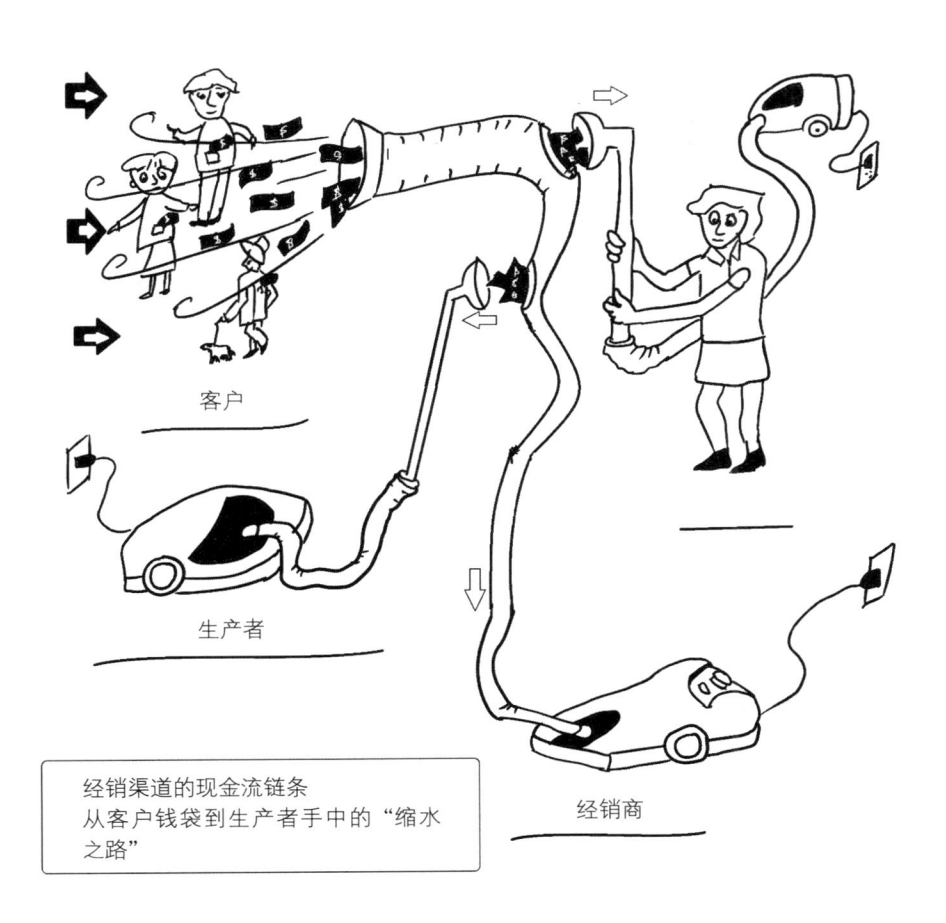

客户

生产者

经销商

经销渠道的现金流链条
从客户钱袋到生产者手中的"缩水之路"

出售产品或服务是一种挑战

创业者往往对自己的产品或服务非常满意。毕竟他投入了大量的时间和精力才找到某个问题的解决方法，或者说是找到解决某个问题更好的方法。因此，创业者直觉性地认为，他的产品或服务发布后，人们一定会争相购买。但是，这一想法很少能成为现实，很多创业者会发现，他们的产品或服务很难或者根本就卖不出去。因此，我们有必要找出可能产生的原因。

- 即使你的产品或服务比现有的更好，如果客户不知道它的存在，那他们肯定不会来购买。
- 客户不会仅仅因为你声称自己的产品或者服务比现有的更好，就相信它真的更好。
- 人们不知道你的公司是否会倒闭。他们担心你无法保证在将来为他们更换零件或提供售后服务。
- 客户可能愿意购买你的产品或服务，但他们觉得你出价过高。另外，你的产品或服务致力于解决的问题不会给他们带来很大麻烦，因此他们不愿意高价购买你的产品或服务。

最重要的是，也许你能够说服人们以你想要的价格购买产品，但是如果产品的销售成本太高，导致你手头没有足够的资金来生产产品和支付管理费用，那你的公司的运营状态可能还是不佳。创业者往往会忽略关于销售和营销的一个重要问题，即客户花 100 美元购买你开发的产品并不意味着你会得到 100 美元。你开发并生产了这一产品，但你得到的可能不超过 50 美元。剩下的 50 美元可能属于经销商和零售商。创业者往往高估了产品售价中最终属于他本人的份额。更糟糕的是，他还低估了向公众告知产品或服务的存在所需的广告成本。

产品的开发和测试

在讨论营销和分销的具体细节前，我们必须关注另一个重要方面——产品的开发和测试。产品或服务一般在实验室中被设计出来，在受控环境中进行测试。创业者做决定时往往取决于办公室和实验室对产品的评价，但是这些评价并不能代替真实客户使用产品或服务后的反馈。如果创业者认为有些属性对客户很重要，就会在产品开发时注重这些属性，但是客户可能并不认为这些属性很重要，他们可能更重视其他属性，但产品在客户重视的其他属性上表现不佳。

焦点小组

企业经常试图询问客户想要什么样的产品，但焦点小组中的客户说他想要的那些属性并不一定代表着客户在拿到产品时真正需要的。因此，市场中真实用户的实地测试和不断反馈是不可或缺的。

创业者最早的一批销售对象往往是朋友和家人。尽管这种销售能极大地提高创业者士气并给创业者提供有价值的反馈，但创业者做决定时需要确保这些决定不仅仅是基于朋友和家人的反馈，还基于其他用户的反馈。

实地考察

创业者可能更倾向于派员工去收集反馈这一做法，因为他们的时间比员工的时间更有价值，事实的确如此。但是创业者的洞察力是无可代替的，他可能会看到员工看不到的问题，也可能想出员工想不出的解决方式。在市场上初次发布产品或服务时，在确保产品或服务稳健性的同时，也要重视产品或服务的核心功能。次要的属性可以也应该晚一点再开发。如果开发团队试图带给市场一个完成的产品，那么他们可能会将宝贵的时间和资金花费在开发那些对客户不那么重要的属性上，从而延迟了产品的发布时间，以至于影响产品对客户的意义。此外，匆忙添加的次要属性可能不会如设想的那样与产品的核心功能形成交互作用，反而降低了产品的可靠性。

这种实地考察的建议不仅适用于创业者，还适用于大型公司的CEO。成功的CEO会在公司内部积极培育创业精神，坚持以客户为中心。

英国亿万富翁理查德·布兰森是跨国风险投资公司维珍集团（Virgin Group）的CEO，他因对创业的贡献而被英国女王封为爵士。他已经考察了超过500家公司，直到今天都还在例行寻求顾客反馈。他会打电话给顾客询问对方的体验，还会装作顾客考察自己旗下的公司并记下自己的体验。为了检测公司的客服水平，他还曾经掩饰自己的声音，伪装成客户给公司的客服热线打电话，要求与公司CEO也就是他自己通话。客服没有拒绝他的要求，将电话转到他的助理那里，然后他的助理识破了他的伪装。他在乘坐集团旗下美国维珍（Virgin America）航空公司的飞机时，他发现顾客并不那么喜欢在拉斯维加斯的炎热天气下被递上一块热毛巾。他认真地对待了这一发现，并因此改变了公司政策，从此美国维珍航空公司的乘客在天气较冷时会收到热毛巾，天气较热时则会收到冷毛巾。理查德·布兰森经常说，即使一名创业者能够创造出美好的事物，但如果没有以顾客为中心，他就不会获得成功。理查德·布兰森认为，他的成功得益于他敢于反复实践自己的想法并迅速结束失败的尝试。

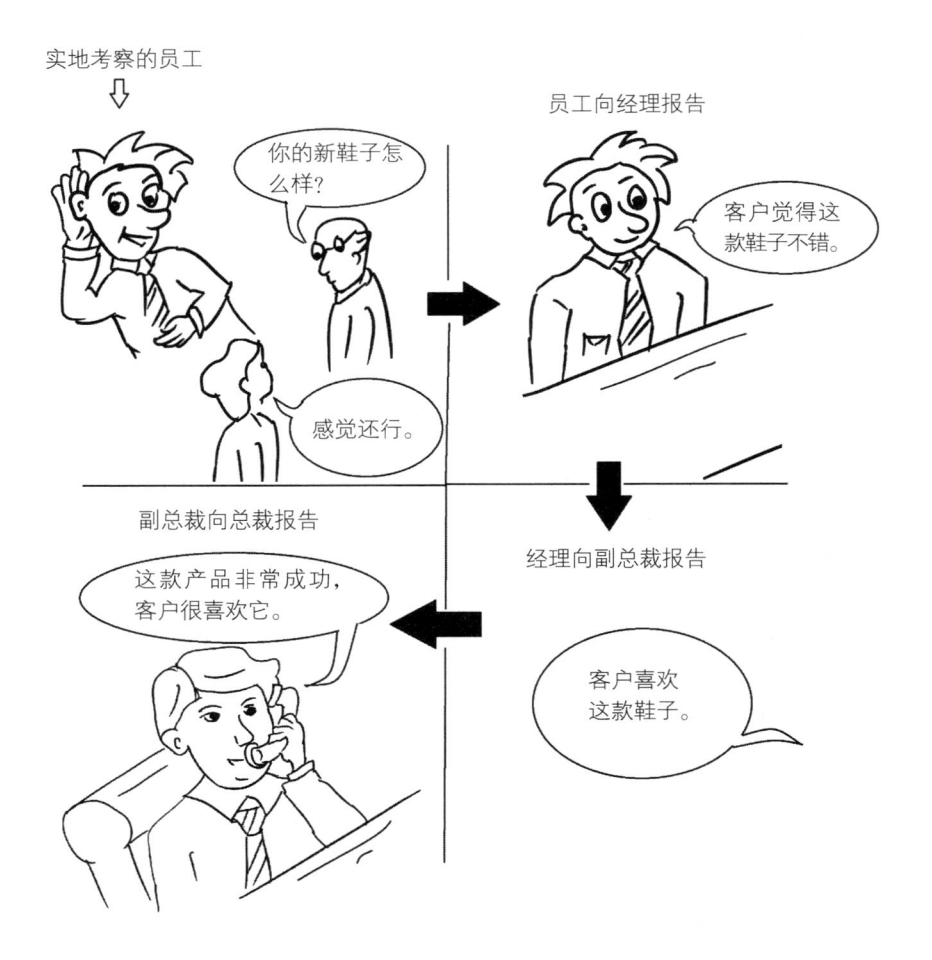

实地考察的员工　　　　　　　　　　　员工向经理报告

"你的新鞋子怎么样？"
"感觉还行。"
"客户觉得这款鞋子不错。"

副总裁向总裁报告　　　　　　　　　经理向副总裁报告

"这款产品非常成功，客户很喜欢它。"
"客户喜欢这款鞋子。"

面向早期采用者的首次销售

创业者应该尽快将第一个版本的产品销售给早期采用者。早期采用者往往会接受这些半成品，并为产品或服务的改进和新属性的开发提供重要反馈。这也使得创业者能够及时对创业想法重新进行验证，并获得确定故障和改变进程的宝贵机会。一般来说，产品或服务的第一个版本是无法满足客户需求的。创业者经常会发现产品或服务的某些重要方面需要全面检修，这正是创业者需要准备面对的。很多创业者不顾客户的反馈，坚持继续销售产品的第一个版本，拒绝做出改变。创业者都很坚定（他们如果不坚定就不会有机会获得成功了），但是如果创业者认为自己比客户懂得更多，并因此不重视客户的评价，那么这种坚定的态度可能会导致创业的失败。推行一款在开发团队看来非常优秀的产品和推行一款早期采用者觉得满意的产品，往往后一种做法更明智。

最终是客户为产品付费，因此推行客户想要的产品是明智之举。也有可能客户将来的看法和创业者现在的看法一样，但创业者不必去尝试将自己的想法强加到客户身上，除非他们已经做好了接受这一想法的准备。在客户认识到创业者想法的重要性时，创业者可以按照自己的想法来更新产品并从中获益。正如前面几章中提到的，时机非常重要。倾听客户的意见，并在客户需要的时候提供他们想要的产品。比市场更聪明是指你能预见客户在将来的需要，并在现在开始开发，这样在客户有需要的时候，你就能在其他人有机会开发产品之前销售你的产品。

有效开发产品的要点

考虑到上面内容的重要性，我将再次重申产品开发的要点：

- 不要试图在产品的第一个版本上加上所有附加的修饰物，专注于核心功能；
- 初创者也要进行实地考察，研究客户反馈的第一手资料，而不是仅依赖于员工的报告；
- 在将产品首次销售给早期采用者后，准备好根据客户反馈进行全面检修；
- 不要销售那些只是以自己感受开发或者你认为更好的产品，而是要根据客户需求对产品进行改进。

第一个版本的销售

在未开发市场大规模地销售产品或提供服务，以期占据更高份额的做法可能很诱人，但这一做法并不可取。公司也只会依据选定的市场销售产品或提供服务的测试版，来识别产品的缺陷和不足。因此，新产品或新服务解决了哪一问题，创业者就应该将第一个版本销售给那些最受这一问题困扰的客户，这类客户饱受困扰，自然会乐意尝试新的解决方法。如果无法轻易识别这类客户，那创业者就需要重新审视制图版，并思考以下两个基本问题：

- 你的产品或服务解决了什么问题，或者满足了什么需求？
- 哪些人面临这些问题或者有相关需求？

接着，创业者可以用一些词语定义这类人，如"就业者""中年""大学毕业生""生活在郊区""频繁外出的旅游者""拥有多张信用卡"等。一旦定义了足够的特性，创业者就构造出了潜在客户的大致形象。那么下一个任务就是找到接触这类人的方式，并告知他们新产品或新服务能改善他们的生活。

有针对性的市场营销

没有哪种方法能在所有情况下都有效地将创业者的产品介绍给客户。创业者选择的渠道取决于产品或服务的种类以及潜在客户的类型。某种产品可能适合在地铁站进行推销，因为它的潜在客户上下班时会经过地铁站，而另一种产品可能更适合在贸易展览或会议上进行推销。在初始阶段，创业者需要确保他所做出的努力是有针对性的，能接触到那些最需要他的产品或服务的潜在客户。在这一阶段，通过电视或广播进行大规模市场营销是不可取的，除非电视或广播上的推销信息处于特定位置，能让细分观众群体看到。

免费发放产品

有时候，向潜在客户免费发放产品或提供服务是明智的，这一做法能给创业者带来有价值的反馈。但是创业者要确保这类免费发放不会给客户带来错觉，让客户开始期望该产品或服务在将来能一直免费得到。比如，在互联网推广早期，有些公司免费提供电子邮件服务。这导致人们产生了对免费邮箱账户的期望，这种期望直到今天都还存在着，因此市场至今无法向客户收取邮箱账户的费用。在为了营销而免费发放产品或服务时，创业者在成本效益分析中往往只考虑到了产品的生产成本，但需要指出的是，更大的成本可能是侵蚀了客户眼中的产品价值。因为客户能够免费得到产品，因此他们会认为产品价值不大。产品或服务的价值一旦被侵蚀，就很难重建。

但是，这并不意味着免费发放产品或者提供服务的做法就完全不可取。一些企业仅仅将免费发放产品或提供服务作为他们商业模式中的一部分，他们这样做是为了从最初的客户那里得到反馈。比如，在免费增值商业模式中，公司免费发放产品的基础版本是为了让部分客户在喜欢上这一产品后主动付费将产品升级到高级版。这一模型被广泛应用于视频游戏行业。这种商业模式还有另一个变体，就是首先免费发放某种产品，而后客户要想继续使用这一产品，就需要定期购买高利润的该产品组成部分或者高利润的另一种产品。在网络上，经常有网站为最终客户免费提供内容或服务。这些公司的收入来自于愿意为特定类型受众付费的广告商。比如，一个致力于提供国外旅游贴士和体会的网站很可能吸引那些相对较富裕且具有冒险精神的访问者。这些访问者就是试图推销高风险投资的财务顾问的目标受众。这个网站能够免费为访问者继续提供内容，因为它会吸引愿意为理想的市场细分付费的广告商。甚至，上文提到的提供电子邮件服务的网站也可能最终锁定这个商业模式，并试图通过将广告商的邮件和消息推送给邮箱用户而获利。谷歌和百度也是很好的例子，这两家公司免费提供网络搜索服务，同时通过为其他企业打广告和带来网站流量而获利。

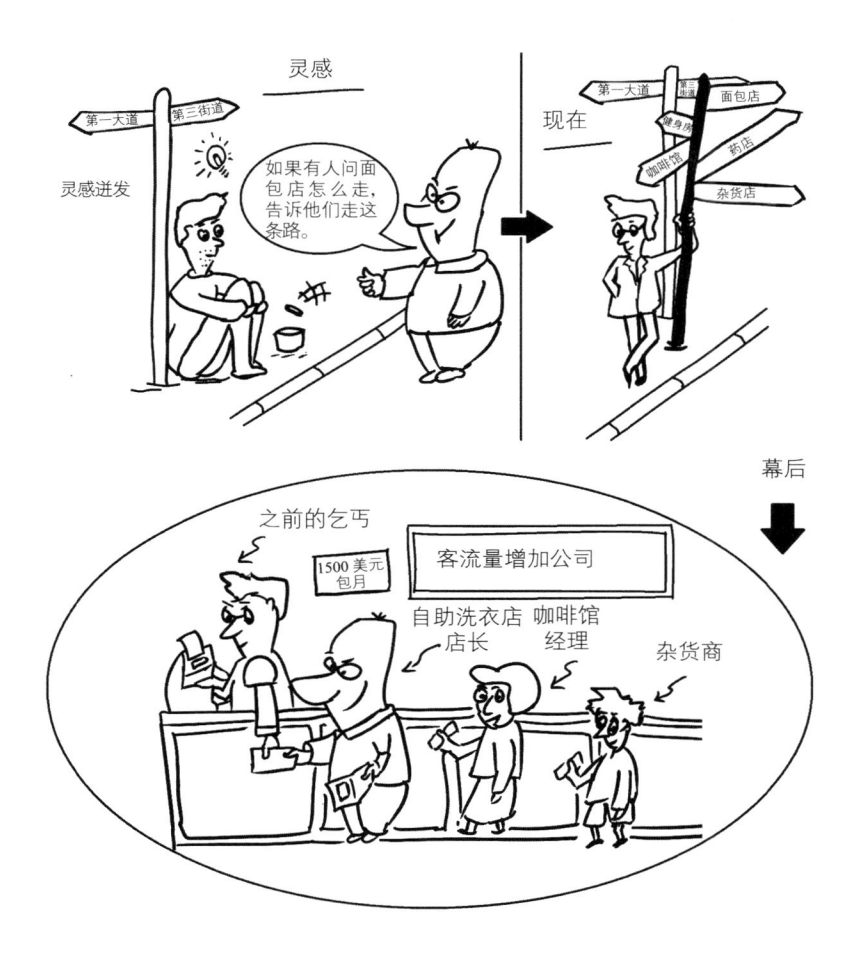

营销和分销

在测试市场初次销售产品并根据客户反馈对产品做出调整后，创业者需要做出一个关键决策——应该采取怎样的营销渠道和分销渠道来出售产品或提供服务。很多公司都在这一步失败了，而且是在公司的产品或服务非常好的情况下。其实，就很多产品而言，营销和分销成本很容易就高于产品的制造总成本。因此，这一阶段的失误会为公司带来灾难。如果产品或服务没有相应的知识产权（如专利和版权保护），资本雄厚的竞争者会通过高效的营销方式和合适的分销渠道来超越原创业者。

营销策略与分销策略必须携手前进而不应该相互独立。希望占领最大市场份额并在全国或全球范围内销售产品的想法是很正常的，但创业者还需要深入观察各种可获得的分销渠道以及相关成本。幸运的是，随着互联网的广泛使用，如果分销渠道是网站，那创业者在全球范围内发行产品就相对简单一点，成本也相对较小。但是，将网站作为分销渠道也会带来一系列的营销挑战。增加网站的流量是一项非常艰巨的任务，营销费用也非常高。即使不考虑营销费用，购物中心的零售店也可以得益于地理位置带来人流量，但是网站做不到这一点。网站主要通过以下三种方式获得流量。

- 在电视、广播或网络上的营销可以将感兴趣的消费者引入网站，消费者对产品感兴趣可能仅仅因为需要这一产品，也可能还有其他原因，如受产品的效用或质量、优惠券、促销优惠等吸引，还可能是因为好奇心。
- 为了方便，消费者进入一家实体企业或现有品牌的网站搜索产品或服务。
- 在谷歌、百度等搜索引擎上搜索时，网站出现在搜索结果的第一页。

因此，将网站作为唯一的分销渠道通常不可行，除非有高费用的营销活动或创造性的方式将用户吸引到这一网站。有些创业者能通过社交媒体和病毒式内容为网站带来流量，但是要想通过这种营销方式创造持久的商业模式，创业者就需要不断进行创新。社交媒体和病毒式内容带来的关注往往只能持续很短时间。并且，这些工具的有效使用建立在创业者能快速而持续地为网站带来访问者的基础上。

分销渠道

有些企业只需要一个分销渠道如网站，但大多数企业都使用多个渠道。使用渠道的数量增加了操作的复杂性，所需的分销渠道和营销渠道的协调性也会成倍增加。因此，创业者需要了解每种分销渠道的优缺点，并决定采用哪几种渠道。正如前面提到的，分销渠道只有一个网站是不够的。即使是所有销售都只在网络上进行的虚拟经营公司也会用到 ebates.com 这样的在线聚合网站。另一方面，分销渠道如果超过三种，也会对创业者的资源形成过大压力。

现在我们来简单地谈谈传统的分销渠道。在世界各地最为普遍使用的消费品分销方式是分销商渠道，也叫经销商渠道。通过这个渠道，制造商将产品批发给分销商，分销商再卖给其他经销商或者零售商，经销商或者零售商再将产品卖给最终用户。在这一渠道中，批发商和经销商负责保存货物，并安排物流将产品送到消费者手中。他们在这一过程中投入了自己的资金，因此一般会获得很好的盈利。使用这一渠道时，制造商得到的往往不到最终售价的 50%。有时，分销商和经销商会协助市场营销，也会承担产品的推销费用。在使用这一渠道时，创业者可以利用分销商的现有物流框架，让产品在短时间内就能在更广泛的地理区域内销售。

有的创业者选择自己开店出售产品或服务。这样一来，公司就能完全控制消费者体验。但是，开实体店是一个极其漫长的过程，需要投入大量的资金，还需要雇用大量的员工来经营管理店铺。另一方面，所有的盈利都归创业者所有，创业者无需与其他中间商分享利润。同样，有些公司没有采用在不同地区开实体店的做法，而是聘请销售团队来销售产品。这种方法能使销售量快速增长，但也会带来较高的销售成本，因为销售团队的薪水往往是底薪加提成，非常丰厚。

有的创业者选择只在大型零售商，如生活卖场、大型商城、俱乐部等地方销售产品。这种方式能够让创业者专注于产品的生产和营销。但是，创业者需要将盈利的很大一部分支付给这种大型零售商，来换取在商店内销售产品或服务的权利。此外，这种大型零售商经常要求创业者拿出一部分产品来开展促销活动。

有的创业者会雇用独立销售代表公司来销售产品。这种公司不会销售竞争产品，但是会收取销售额的很大一部分作为佣金。在有些行业，如技术、旅游、建设等，增值经销商和系统集成商在推销产品方面发挥着巨大作用。如技术行业的埃森哲（Accenture）公司和IBM公司就在整合系统并提供咨询。这些公司对最终用户的购买决策有很大影响，还经常代表最终用户购买产品，并将创业者的产品或服务和其他供应商的产品或服务集成销售。要想成功涉足这些行业，创业者需要对这些集成商有信心，并和他们开展合作。考虑到他们的市场力量，这些集成商收取的费用往往占创业者盈利的很大部分。

这里值得讨论的是电动车公司特斯拉的分销方式。

> 特斯拉没有采用传统的特许经销商销售模式，而是选择拥有自己的商店和服务中心，尽管后者的成本更高，还使得公司无法接触到更多的顾客群。特斯拉是第一家采用这种模式的大型汽车制造公司。虽然很奇怪，但特斯拉的选择是有一定道理的。
>
> 第一，公司面临的限制并不是顾客需求不够大，而是制造能力有限。因此公司不需要接触更多的顾客群。
>
> 第二，采用这种模式，公司可以通过直接和顾客打交道来获取最真实的顾客体验。
>
> 第三，这种策略省去了中间人的存在，公司在世界各地都无需与特许经销商合作，就可以绕过复杂的美国汽车特许经营法。
>
> 第四，最重要的是，特斯拉将商店作为营销场所而不是销售场所。特斯

> 拉的商店都设在商场等人流量较大的地方，以吸引人们进店参观。接着，公司员工会向参观者普及电动车的相关知识，而不仅仅只是介绍特斯拉的情况。通过这种方式，特斯拉就能在潜在顾客确定购买下一辆车之前将自己最新发行的车型介绍给他们了。公司无需给商店内的产品专家支付佣金，因为这些专家没有销售任务，他们的业绩依据顾客在店里的参观体验进行衡量。
>
> 特斯拉将分销渠道视为其产品体验的一部分，所选择的渠道既能满足公司的独特需求，也适合公司的情况。

营销活动

无论选择哪种分销渠道，创业者都必须决定产品的营销方法和相应的营销费用。营销的首要目的是为了让公众得知新产品或新服务的存在，并说服人们尝试新产品或新服务。产品类别或产品本身的新颖性尽管会给营销带来挑战，但也会成为创业者的优势，产品可以因为这种新颖性在电视上得到免费宣传。产品的新颖性也是一种新闻，如果创业者能妥善处理这种情形，那么产品或服务就能被各种媒体免费提及甚至得到详细报道。

如果产品的价值主张足够强大，创业者往往无需支付任何营销费用就能获得成功。Hotmail 和优步这样的公司，最初之所以能够在营销力度为零时做到公司规模成倍增长，主要依靠的就是口碑营销。在发现这个公司的服务给自己带来了很高价值之后，顾客会自发地为公司宣传，并出于好意将这家公司介绍给自己的同事、朋友和家人。

即使产品或服务与技术无关，团队内也需要有一个技术娴熟的成员能利用社交媒体的力量获得低成本的宣传。一般来说，在营销推广初期，创业者需要努力让投入在营销上的每一美元都带来三美元的销售额。这里要再次强调一点，在了解客户上每多花一美元，就能最终在营销上节省好几美元。因为在更好地了解客户后，公司能更好地锁定目标客户，这就大大减少了每个客户的营销成本。此外，创业者需要对营销活动的效果进行定期评估，以确保营销活动能带来适当的回报率。很多创业者都过分高估了营销的效果，而他们的营销实际上对产品的销售帮助不大。有时，营销闪电战可能会过于成功从而带来其他问题。例如，Endless Jewelry 是一家位于美国佛罗里达州的初创珠宝公司，曾与好莱坞著名的演员和歌星詹妮弗·洛佩兹（Jennifer Lopez）合作推广其珠宝产品。这个策略对该公司非常有用，公司的市场渗透率创下最高纪录，销售额一路飙升，全球的投资人都排着队想要给这家公司投资。但不幸的是，过高的销售量完全超出了公司预料，导致公司无法保证产品质量和按时交货。顾客渐渐开始取消订单，很短一段时间后，公司不得不申请破产。

营销与保留

你需要知道，绝大多数情况下，留住现有客户比得到新客户容易多了。公司应该不断监测媒体对公司及其产品或服务的负面报道，并尽快找出潜在原因并改正。缺乏有效客户关系管理的营销，就像开着水龙头让水槽的水不断外溢的时候拖地。仅仅一个负面报道就能抹去多年的营销努力。因此，创业者需要尤其重视客户关系管理。良好的有机宣传（免费宣传就是其中一种）和口碑是无可替代的。此外，在可以的情况下，创业者需要抓住机会开展公益活动，以打造公司声誉和品牌形象。没有哪种营销方法称得上是最好的。所有可能都受限于营销团队的想象力。营销团队应该努力想出有创意的营销方法，以零成本或者最低成本来提高公司及其产品的知名度。

此外，关于如何根据营销目的适当使用营销媒介，有一些基本概念。比如，如果营销活动的目的只是为了提高公司及其品牌的知名度，那么在电视上播放 15 秒的商业广告可能就足够了。但是如果营销目的是为了让观众认可自己对某种产品的需要，而这种产品的类别非常新颖，那么使用印刷媒介可能更合适。在医生办公室里等候时，或者乘坐公共汽车或飞机出行时，人们更愿意通过阅读宣传册或者杂志来看完说明某种产品或服务用途并详细阐述其使用方法的冗长广告。但是，这里要再强调的是，创业者不能将思路局限于在电视、广播、杂志、宣传册、会议前排、免费样品等传统广告媒介。创业者应该鼓励自己的团队想出有创意的营销方法，因为新的方法很可能更有效且花费更少。社交媒体已经为创意打开了大门，预算有限的创业者应该充分利用这一点。

第 7 章

精益思想

第 7 章 精益思想

创业者所推出的既有产品并非刚好就是最适应客户需求的，事实上，绝大多数情况是，现有的产品还有很多存在改良的地方。而且，即使产品已经很好地适应了当前的客户，但市场、环境总是在变化的，需求也在不断改变。可以说，产品的优化、改良无时不有、无处不在的。但是关于这些改良究竟应该在什么地方？如何提升？我们并不知道。创业者需要通过客户反馈去寻找、去测试、去验证。斯坦福大学教授史蒂夫·布兰克（Steve Blank）提出的精益创业思想是对传统靠事前调研、详细计划，再固定执行的传统创业思想的挑战，并逐渐成为目前创新型创业的重要指导思路，与其将大量的生产投入建立在假设的用户需求这样的风险上，不如用一种能够以最低成本、最快速度的产品迭代的方式，对用户需求的假设进行检验。这一章，我们就来了解一下创业的精益思想。

什么是精益

这里，我将介绍几个精益思想支持者所提倡的概念，有些与第 6 章的一些重要观点有异曲同工之处。"精益"一词最早是在日本制造业（尤其是丰田汽车公司）实行精益生产时被广为推崇，旨在不懈地、系统地消除所有形式的浪费。近年来，这个概念在创业生态系统中也得到了支持和认可。"精益创业"和"精益企业"这两个词也十分常见。在精益生产的术语中,顾客价值被定义为顾客愿意花钱购买的一切事物。而如果一项活动没有增加顾客价值,那么这项活动的所有开支和所用资源都被视为浪费。有些浪费是必要的,而有些浪费如缺陷校正、过量生产、等待时间、过量库存、过度加工、寻找材料或工具、运输等,则是在该种模式下最先需要消除或减少的。这种浪费被称为不必要浪费。

无可否认,减少所有过程中的浪费这一做法是有道理的。但是,之前被认作创业过程中不可缺少部分的一些活动,现在却被认为不再必要。例如,技术行业中的一些创业者和投资人非常注重应用程序的开发,他们认为撰写一个前瞻性的、详细的商业计划书本身就是一种浪费,因此应该避免这一活动,或者至少等其他步骤都完成后再进行。我们认为,在打印出来的时候,商业计划书可能就已经过时需要作废了。但是创业者会继续准备更多的商业计划书,风险投资人和银行也继续期待看到新的商业计划书。虽然这本书花了一章的篇幅来讲解商业计划书的组成部分,但请注意,正像我们在书中所强调的,商业计划书本身并不是必要的,必要的是准备商业计划书的过程,这一准备过程会为创业增加价值。因此,不管是将商业计划书归为必要任务还是一种浪费都不是问题所在。关键在于创业者试图开展的创业类型,是复制型创业还是创新型创业。正如我们在本书中所承认的,将事物进行分类仅仅只是一种学术行为,这种行为本身可能就是在浪费精力。因此,我们不会深入探究如何将活动分为必要浪费和不必要浪费。相反,我们会专注于阐述当今创业界盛行的理念。

践行精益创业

不确定性是创业企业的共同属性。根据定义,不确定性意味着创业者不知道创业过程中将会发生什么事情。比如，如果某种产品或服务的市场已经建立，那么相比创业者需要开创一个产品类别或一种概念而言，已建立市场的不确定性相对要低得多。很可能无论创业者将自己的商业计划书修改多少遍，现实总会与预测的情况相差甚远。在这种情况下，创业者可以思考一些更有效的问题，如撰写商业计划书是否值得创业者花费时间和精力，尤其是在创业者对自己想要提供的产品或服务并不确定的时候。如果创业者并不确定顾客需要该产品并愿意花钱购买，创业者又是否值得花费时间和精力去设计产品属性呢？

这些问题很容易引起争议。如果创业者已经拥有一份商业计划书，也就是说已经经历了撰写商业计划书的过程，现在创业者对市场和创业计划的其他方面有了更深的了解。那么如有需要，修改现有的计划书相比从头拟定一份新的计划书要更容易。另一方面，如果商业计划书必须修改5次才能满足所有需要，成为一份真正可用的计划书，那么为什么不等所有的不确定性都解决得差不多了，再拟定商业计划书呢？这样就不用将时间和精力浪费在四次修改上了。

以上只是以商业计划书为例来说明创业中需要针对不确定情况作出反应和调整，商业计划书的修改不单单是个人的脑力成本问题，它还影响着整个创业团队在创业中最核心的活动。而相对商业计划书的修改而言，产品的修改或许还要面临更大的成本。一方面毕竟创业项目各要素的调整在商业计划书阶段相对容易，另一方面产品阶段将会涉及生产的成本，尤其可能会涉及专用性的固定资产[1]，从而引起浪费性支出。

---

[1] 专业术语为专用资产，相对于通用资产而言，指针对某种特定用途的资产，能为经济主体带来超过通用资产的价值，但无法用作其他用途，从而一旦主体或主体的目的改变，该资产就面临损失风险。

同样，除非创业者将产品的某一功能提供给了顾客，否则创业者无法得到关于该功能的吸引力和适销性的反馈。有的人可能会争辩说，顾客不喜欢某种产品可能仅仅只是因为该种产品缺少某一功能，但可能顾客自己都没有意识到这个原因。那么，如果当初将产品推向市场时，在产品上加上所探讨的功能，那么整个商业模式就一定会取得成功吗？或者说，这也仅仅只是一种猜测？然而，还有的人可能会认为，如果创业者并不确定顾客需要该产品，那么花费时间和精力去开发产品的不同功能这一做法是不明智的。有可能顾客只是需要产品做出一点改变，但是创业者所探讨的功能并不适用于新产品。在这种情况下，在开发功能上投入的精力都相当于被浪费掉了。

对于以下问题，谁都无法给出一个固定答案：

- 什么时候开始确立商业模式？
- 首次发起一个项目时，需要提供多少种功能以及什么样的功能？

但是，了解一些基本概念，可以帮助创业者找到这些问题的答案。因此，我们将给出一些适用于创新型创业且能够提高创业者成功概率的方法。不过，这里想再次强调，以下的这些方法都仅供参考。

创新型创业的关键在于创业者要敢于想象，而精益创业则在这一想象的基础上，增加了务实。精益思想推崇迭代产品开发，逐步采取较小的步骤，定期获取市场反馈，并用反馈来测试支撑创业者想法的基本假设。创业者可以以此来定期更新自己的假设，不断做出调整，直到市场确认自己的想法是正确的。创业者越早从市场得到反馈，就可以越快做出改变以适应新的信息。因此，精益思想要求创业者通过经常用事实检验假说来尽可能减少浪费性支出，而不是基于未经证实的假说进行大笔投资。精益指尽可能减少浪费性支出。投资某种可能不受市场欢迎的产品并进行开发，就属于浪费性支出。但是，精益并不代表节省研究和投资费用，它指的是创业者迅速确定什么是有效的，什么是无效的，从而最大限度地减少创业发展资金被浪费掉的可能。事实上，精益公司不一定是小公司。解决某一特定的顾客问题可能需要大量的资源。一家精益公司就像是一个体脂率很低的健康的身体。无论其规模大小，精益公司的大部分资源都用在满足顾客需求上。很明显，对尚未确认过适销性的产品进行销售是非常浪费资金的。同样，如果某一问题尚未被大多数目标顾客认作是一个问题，那么投资开发该问题的解决方案也不是明智的做法。

最小化可行产品

在创业领域被广泛接受的一个概念是"最小化可行产品"（Minimum Viable Product，MVP）。这一概念是说，创业者最开始应该快速地构建出符合产品预期功能的最小功能集合的产品，以发现市场需求，这个最小集合所包含的功能足以满足产品部署的要求并能够检验有关客户与产品交互的关键假设。其目标是用最少的努力得出产品的可行性，即人们想要这款产品吗？愿意花钱购买它吗？接着，创业者基于定期顾客反馈对产品进行修改和开发，从而尽量减少开发出的产品没有市场需求的可能性，这就是迭代产品开发。迭代产品开发的关键词是可行性。创业者发行的产品必须是可行的，也就是说，该产品需要能够解决其设计目的的核心问题。

核心功能和可行性

很难确定某一功能对产品核心功能来说是否是必不可少的。一旦产品工程师投入了大量时间去思考和计划某一功能，他们往往就会认为这一功能是必不可少的。甚至创业者自己也可能这样认为，但我们还是要做出取舍。一方面，如果具备的功能太多，产品的使用难度可能会加大。如果创业者想要击败人们不愿改变的天性，增加他们尝试新产品的可能性，那么"易于使用"这一点对新产品来说就至关重要。否则，创业者就可能会发现自己在顾客不需要的东西上浪费了过多精力。另一方面，如果产品不具备某个实际上必不可少的功能，创业者可能得不到有意义的反馈。事实上，反馈可能会让创业者放弃原有产品或者采取一种完全不同的路径。一次拙劣的最小化可行产品尝试，可能会给产品的品牌形象带来永久性的损害。要想找出最小化可行产品具备的最少功能，创业者需要深度了解产品的价值主张和顾客需要从产品中获得的效用。对产品开发和企业发展来说，唯一可靠的办法往往是高度关注如何以成本效率最高的方式向顾客提供最大效用。

迭代产品开发这一概念依赖于发行最小化可行产品并在产品开发周期内尽快获得市场反馈。但是，这种方法也存在风险。其中一个风险就是，创业者的创业想法可能会被其他人复制，从而失去先行者的优势。如果创业者很早就向市场公布了自己的产品，并且核心产品没有申请知识产权，那就给了其他创业者可乘之机，那些在资金基础、组织结构以及其他资源上更占优势的创业者，可以反过来靠跟风甚至抄袭这一核心产品打败创新型创业者。如此一来，后来的创业者就可以通过迅速向市场发行功能更多的产品，来夺取原先的创业者的先发优势。例如，苹果公司就经常向市场发布具备全部功能的产品，它从不发行最小化可行产品，而是任由行业内的其他企业尝试不同的产品和功能，再从这些企业的经验中学习。从竞争对手那里获得了一定信息后，苹果公司才会着手开发具备所有顾客所需功能的卓越产品。行业内的其他企业就非常不幸了，它们既没有苹果公司的资源，也没有它的分销渠道、品牌认可度或忠实顾客群。

产品和产品功能

最小化可行产品这一概念用到了"产品"这个词。"产品"一词在商业世界中被广泛使用，不同的人对这个词的理解也相差甚远。目前来说，"产品"不仅仅指实际物品，也指无需交付或配送任何实物的服务。此外，与实物相关的服务往往会被认为是该实物的功能，而不是独立的产品。比如说，帮助顾客理解、购买、维护、定期使用某种产品的服务就被认为是这一产品的功能。事实上，顾客对产品所属公司的所有体验都可以也应该被视为该产品的功能，这些体验包括顾客的注册过程、产品试用体验、支付购买体验、保修索赔以及账户资料的修改。将所有与顾客有关的功能都视为孤立的营销、生产或会计功能是错误的。最需要强调的是，精益思想的核心是高度关注产品的顾客效用和价值主张。

反馈和顾客学习

精益思想的成功取决于创业者从市场反馈中学习的能力。但是，获得有意义的反馈本身就是一个非常复杂的过程。在这个过程的最开始，甚至在制定产品的首次设计之前，创业者就必须对创业的基本假设进行测试。是否存在值得解决的问题？我们在访谈顾客时往往会这么问，但重要的是创业者要如何在访谈中恰当地做出提问，负面的措辞（如"问题是什么"）和正面的措辞（如"我们可以如何帮助你呢"）将会得到截然不同的答案。访谈的目标应该是了解顾客及他们的需求。也就是说，我们不仅要知道顾客的需求是什么，还要知道为什么会出现这样的需求。

这样做的原因有两个：首先，如果顾客需求背后的原因是表层原因，比如说，顾客想要某种东西只是因为它好看或者很酷，那这个需求可能就不值得解决了；其次，有可能顾客想要的东西无法靠目前的技术实现，但是如果我们了解了需求背后的原因，我们就可以找到一个替代方案来解决这一需求。如果只关注顾客需求而不去了解背后的原因，创业者很可能会产生误解或错误的推论。例如，有人曾说："如果福特汽车公司的创始人亨利·福特问人们想要什么,得到的回答会是'更快的马'。"我们都知道,要是福特当初只注意到了顾客的需求而没有关注背后的原因(即更快的交通方式),我们就永远不会拥有福特T型车了,也不会理解生产过程中的流水装配线的概念。

如何寻求反馈

现在,我们来看看获得反馈的细节部分。首先,积极寻求反馈很重要。如果创业者被动地接收反馈,就只能得到乐于提供反馈的少数顾客的意见,也就只会解决这些少数人的意见,而且更糟糕的是,他们的意见可能与沉默的大多数顾客的意见相左。因此,创业者需要积极征求潜在顾客的反馈,确保反馈结果不偏向某一特定群体。这里的不偏向不是指反馈结果需要代表所有人群,而是指反馈结果需要代表顾客市场。虽然有好几种现成的方法来寻求反馈,如市场调研公司、问卷调查、预售等,但由于存在相关成本,创业者往往不会在创业早期采用这些方法。访谈的方法则往往会以更低成本得到更有用的信息,但是很难说服人们参加访谈。那么该如何进行访谈呢?创业者最常用的方式是,从自己的朋友以及朋友的朋友处着手,问问他们,在他们看来自己的目标顾客应该是哪些人,以及他们能否帮自己联系两三个满足条件的目标顾客。创业者很可能会发现自己划定的目标顾客的范围太宽泛了。因此,创业者应该试着根据这类反馈来缩小目标顾客的范围,从而更有效地收集反馈。

问题及解决方案访谈

这里,我们能给出的最重要的建议是,创业者应该专注于倾听而不是诉说。创业者的目标是找出问题并确定解决方案,因此,创业者应该把注意力集中在交谈上而不是向对方展示自己的解决方案或者尝试验证自己的创业想法上,这些可以在访谈的后半部分进行。一旦被访问者确定了某个问题,创业者应该先问对方是否试图寻找过这一问题的解决方案，如果有，是如何寻找的。这将帮助创业者确定这一问题的重要性。创业者也可以将被访问者寻求解决方法的方式用于将来的营销方案中。然后，创业者可以咨询被访问者对自己的创业想法的意见。不要直接问对方是否愿意在产品上市后购买，最好是从被访问者过去的购买行为入手收集合适的信息。在没有做出当前承诺的情况下，与未来行动有关问题的答案往往是不可靠的。因此，在某些情况下，销售自己的创业想法（即寻求销售承诺）的做法是可取的。这样做有以下三个优点。

第一，创业者可以以此区分出哪些被访问者是认真的，哪些不是。

第二，这样做的话创业者可以自然而然地谈到价格问题，从而收集价格方面的一些重要的数据点。

第三，虽然销售在创业的任何阶段都很重要，但是在访谈中客户学习更为主要。

在访问完朋友的朋友之后，创业者需要给介绍人发一封邮件表示感谢并询问被访问者对此次访问的印象。那位被访问者很可能在面对创业者的朋友（即中间人）时，要比面对创业者时更为坦率，因此会和那位朋友分享一些有价值的见解。此外，创业者还应该在一段时间之后将进度报告和调查结果发送给所有的被访问者。这个做法有多重优势：首先，这会迫使创业者组织和综合自己的想法，以及记录自己的进程；其次，这将重建创业者和被受访者之间的沟通通道，为将来的访问或互动打下基础；最后，受访者可能愿意基于创业者的报告提供更多信息。电子邮件的内容应尽量简短，但可以在其中附上一个链接，被受访者点击链接就可以进入创业者的网站，输入密码后就能看到创业者的详细调查结果和报告了。

早期传道者

在这个过程中，创业者会遇见某个人经历过或者仍在经历创业者试图解决的问题，会了解到那个人曾经试图自己解决问题，也曾在其他地方寻找解决方案，而且现在愿意付钱让别人来解决这个问题。如今，这样的人被称为早期传道者。创业者应该将最多的关注放在这些人提供的反馈上，并争取从他们那里得到更多的推荐。一旦创业者进入到这些人的圈子里，创业者的产品开发过程将会进展更加迅速，创业者也将会得到一致可靠的反馈。

> 纺必适（Febreze）是宝洁（P&G）公司生产的一种家用空气清新产品，能去除异味。使用者可以将这种带有香味的化学制品喷到衣服和家具上以去除臭味。该产品的制造商最初想将产品销售给吸烟者。制造商认为，吸烟者带着烟味，因此有动机去定期使用该产品来让自己和周围环境更加怡人。而且，由于吸烟者通常都有烟瘾，因此他们会成为公司的常客。但是，该产品最初的销售成绩非常令人失望，因此公司对产品使用者进行了调研。调研人员拜访了使用该产品的实际顾客并拍下视频，他们发现使用产品的并不是吸烟者，而是家庭主妇。家庭主妇会在打扫完客厅、卧室、书房等地方后将产品喷洒到这些地方，作为完成所有清洁工作后的自我奖赏，就像最后的收尾一样。随后，公司设计了一个广告，将该产品的使用和打扫完的房子以及自我奖励联系起来。销售额因此迅速增加。

这里还有一个例子。

> 我的一个学生以绘画为创业内容，她在画作中加强了未出生婴儿的超声波肖像。向母亲，特别是孕妇提供这项服务无疑是合乎逻辑的。她认为，母亲们会想把这样的画像挂在墙上，作为她们第一次看到自己孩子时的纪念。

> 但她很快意识到，大多数母亲，除了那些第一次做妈妈的，都不像她所预期地那样对这种画像感兴趣。有些已经生过孩子的孕妇告诉她，她们的墙上没有足够的空间悬挂超声波肖像。我的学生就开始将销售力度集中在第一次怀孕的孕妇上，但是即使这样做也并没有提高销售量。她意识到虽然这个想法对初次怀孕的孕妇没有特别大的影响，但是更容易引起这些孕妇的家人的共鸣。通常准妈妈的兄弟和父亲更有可能买下超声波肖像作为礼物送给她。在她将销售目标转向首次怀孕孕妇的兄弟姐妹和父母亲时，销售量果然上升了。

正如前面所提到的，创业者倾向于将目标市场定义得非常宽泛。在这个例子中，实际市场——首次怀孕孕妇的兄弟和父亲，并不从属于创业者最初定下的那个宽泛的目标市场——各位母亲。

这些例子表明，我们可能会认为很了解自己的产品，我们知道它对最终用户的效用、它所针对的顾客特点以及它的市场。但是，这种想法往往只是我们的猜测，或者是我们基于不完善的信息上得到的分析结果。我们可能认为自己很了解某种事物，因为在我们看来它就是那样的，但实际上，在市场反馈出来之前我们都只是在猜测，顾客的反馈是无可替代的。一点谦逊、一笔小投资，再加上虚心求教的态度，就能帮助创业者获得诚实的反馈。

创业者的资源

精益思想提倡对资源的有效利用。在创业初期，创业者需要优化一些关键资源。众所周知，绝大多数的创业者在创业初期都只能获得非常有限的资金，一切都只能靠创业者自己的努力，因此有必要对每一分钱都精打细算。

但是，教科书在讨论这一主题时，往往忽略了部分非常重要的资源。

社交网

社交网是创业者最早的社会资本。教科书往往只会将朋友和家人视为种子资源或天使投资的来源，但社交网的作用远远不止于此。创业者的社交网包括了家人、朋友、熟人和同事等，往往是创业者寻找潜在客户、供应商和融资人的出发点。在试图聘请到合适的员工，或者愿意接受小份额股权来补偿低于市场价工资的员工时，作为创业者往往会寻求朋友和家人的帮助。在其他人都不太把你的创业当回事时，只有朋友和家人愿意倾听你的想法并认真对待你的创业。朋友和熟人能为创业者提供宝贵的见解，帮助创业者联系中间人，这些中间人对创业者的其他伙伴关系非常关键，他们会帮助创业者雇用优秀的员工、争取顾客、寻找合伙人，以及对创业非常重要的所有其他事项。对创业者来说，明智地使用这些社会资本非常重要。每次向朋友或熟人求助时，创业者就在使用一部分社会资本，因此创业者需要优化每一次求助。在向朋友寻求帮助时，谁都不想仅仅因为自己缺乏充分准备就无法接受朋友或朋友的朋友为自己提供的帮助。创业者需要记住这一点，当朋友将自己介绍给他的家人、朋友和同事时，创业者的行为在一定程度上代表了这位朋友的形象，创业者的准备不足或食言会降低这位朋友在其朋友心中的信誉，因此当创业者再一次需要帮助时，这位朋友可能就不那么愿意施以援手了。

由此，即使有些人认为很早就开始撰写商业计划书是一种浪费，但这的确是必要的，因为创业者所求助的人希望看到这么一份计划书。要是没有商业计划书，他可能就不会认真对待创业者，即使创业者使用了自己的部分社会资本去拜访了他，也不可能会有任何成效，而这一切仅仅是因为创业者没有商业计划书。如此一来，为了避免一种浪费，即在撰写商业计划书上投入的精力被浪费，创业者造成了另一种浪费，那就是浪费自己的社会资本。

时间资源

另一个在创业领域没有得到广泛关注的重要资源是创业者的时间资源。创业者每天的工作时间是有限的，但总会有许多任务不方便委派给其他人，只能创业者自己完成。在创业的不同阶段，这些任务需要占用的时间也不同。理顺这些时间需求能帮助创业者提高成功概率。即使某个任务在稍后阶段完成的成效会更好，但我们还是建议创业者早一点完成，尽管成效会差一些，但是要考虑到在创业后期，创业者的时间安排会非常紧凑。因此，早点撰写商业计划书是个好主意，因为创业者这时候并不那么忙，这样的话，即使在创业后期时间特别紧张，创业者也可以花费较少时间对计划书进行修改了。

当前职位和社会地位

在开始创业时，创业者往往是有工作的，作为雇员在某个公司上班。即使创业者的这份工作与创业所在的行业没有直接关系，但创业者当前的头衔和职位可能会让人们更容易信任他，给他更有利的评价，或愿意倾听他的想法。比如说，人们更倾向于看好银行雇员、大学教授等。此外，得益于创业者在非营利组织或特定社会环境中从事的职位，创业者可能更容易接触到大量人群。在这种情况下，我们建议创业者在创业早期就利用这个机会进行一些任务，尽管较低的效率可能会导致创业者的部分精力被浪费掉。在创业后期，这些任务可能被更有效地完成，但那时，创业者可能已经离开了现在的公司，或者不再在非营利组织或社会组织中担任志愿者，也就失去了现有的机会。

虽然看起来我们好像是在讨论最小化浪费理念的例外情况，但事实并不是这样。我们探讨的目的是证明将活动分为必要浪费和不必要浪费的做法存在不足之处。精益管理的概念起源于制造业，相比创业领域中的不确定性而言，制造业中的不确定性级别更低、规模更小。与生产管理形成鲜明对比的是，创业领域的情形高度不固定，因此不能一概而论。在大多数创业者看来，参加社交聚会或在慈善活动中担任志愿者可能是在浪费时间，但这些行为可能会为将来的创业打下基础或提供帮助。与大多数其他管理方式不同的情况下，创业者无法在事前确定某次活动是否是创业过程中的一种浪费，也无法规定创业活动的顺序。创业者需要根据自己所处的独特氛围来自行分析和决策。

第 8 章

财务规划

初次创业时，即使创业想法非常有潜力，创业者也往往会在寻找投资方面遇到很多困难。这是因为在向潜在投资人说明创业想法的优势时，创业者采取的方式无法让潜在投资人很好地理解自己的创业想法。这一失败的关键之处在于创业者缺乏基本的财务技能。投资人考虑的是数字、金额、投资回报率、概率和百分比。而创业者却大多是理想主义者，渴望以一款突破性的产品或想法改变世界。投资人知道，成功的创业需要很多轮融资，如果创业者无法在后续的每轮投资中都获得所需资金，那自己现在的投资会颗粒无收。因此，投资人希望看到创业者的财务预测以确定未来融资需求的规模和时间，这样就能判断出这一创业是否有可能在未来的几轮融资中获得成功。此外，投资人也非常想知道这一创业是否有可能在短期内获得高盈利，以获得继续发展所需的资金。

尽管在后期融资时，创业者也确实能聘请到有经验的财务人员，但在初期融资时创业者往往缺乏足够的资金这么做，也不愿意这么做。创业者认为，把资金用来开发原型或用在其他类似的事项上面，比用来聘请一个能制作预计财务报表的财务人员更为重要。但不幸的是，如果创业者缺乏基本的财务技能，且团队内没有合格的财务人员，那么这次创业一开始就买下了一颗足以引致失败的炸弹。在这种情况下，创业者可能无法实现初期的几轮融资，创业计划也将一直止步不前。因此我认为，一本好的创业书籍应该为创业者提供基本的财务知识，帮助创业者掌握基本的财务技能。这样，创业者才能在创业初期与投资人进行有效沟通以不断扩大创业规模，直到创业者有能力聘请一个合格的财务人员。考虑到有些创业者没有参加过任何关于企业财务的正式培训，本书还将在最后一章中介绍一些基本的公司金融和财务概念。

财务报表

　　财务报表这个术语通常指提供公司财务信息的三种基本财务文件，即损益表（I/S）、资产负债表（B/S）和现金流量表（CF Statement）。非会计人员很容易被这些术语吓到，但实际上它们并没有那么复杂。本章将逐一对这些术语进行讲解，尽量使它们显得简单易懂。比如说，你决定在你的家乡开第一家芝加哥深盘比萨饼店。你自己存了2万美元可以用于开店，但是开店需要大概10万美元的资金，所以你去找父母寻求帮助，他们给了你1万美元，接着你的叔叔又借给你2万美元，所以你一共有5万美元。还差5万美元，所以你去找了你的一个有钱的朋友，说服他成为你的合伙人。你的这位朋友愿意出资2万美元以成为你的平等合伙人，但是他没有时间参与决定新店的常规运作，也就是说他将成为一个隐名合伙人[①]。你从当地银行贷款了2.5万美元用于购买烤箱和其他设备。你的供应商也同意将价值5 000美元的物资借贷给你，这些物资包括奶酪、面粉、黄油、西红柿等基本原材料。

　　在接下来的几周里，你注意到你的父母、叔叔，以及那个从未主动给你打过电话的有钱的朋友，突然开始每周打电话联系你。他们装作是在关心你的生活情况，但是在挂电话前他们总是会问起你的比萨饼店进展如何。你知

---

① 　隐名合伙人只为公司提供资金，不参与公司营运，也不出席管理者会议。

道他们是想确保你没有随意挥霍他们的资金。他们有权知晓你的行动，因为如果你滥用了他们的资金，他们就无法收回自己的投资了。也不是没有过这样的先例，有人借钱去赌博（比如赌马），去掩盖错误，或者拆东墙补西墙，拿借来的钱去补偿由于不走运或决策失误而造成的损失。言归正传，你的父母、叔叔、朋友都是你的创业计划的利益相关者，他们希望知道你用他们的钱做了哪些事情，以及你的比萨饼店是否一切顺利。唯一的问题是，他们打电话过来的时候，你不得不分别告诉他们每一个人同样的事情和同样的内容。这占据了你很多时间。为了成功创业，你必须尽力搞定所有事情，已经够忙了，他们如此频繁的电话让你有点招架不住，这些会让你很难保持冷静，你都有点想发飙了。现在试想一下，如果你的公司有很多的合伙人和投资人，他们也打电话问你相同的事情，这个问题就会被进一步放大。由于他们基本都对同一类信息感兴趣，人们想出了一个方法，可以将这些信息以标准化的形式传递给那些有兴趣了解这些的人。你可以在这些表格中填写一些适当的信息，再将表格提交给那些感兴趣的人，他们会理解表格中的信息并了解你的创业进程。这样你就不用在电话里一遍又一遍地向这些人讲述同样的内容了，你可以将时间和精力放在其他更重要的事情上。

损益表

损益表可以用来给那些问你比萨饼店经营状况的人提供一定信息。通常情况下，如果没有损益表，你就得回答说："一切顺利，比萨饼店的规模在不断扩大，正在盈利。过去的三个月里，比萨饼的销售额达到 4 000 美元。但最近由于供应短缺，奶酪的采购价变贵了。我们做的是深盘比萨饼，因此奶酪涨价后我们的成本也增加了，不过影响不大，现在的经营状况挺好的。"但是，这些问答背后的真实情况是，提问的人希望知道你的销售额是多少、成本是多少，以及过去三个月的盈利额是多少。如果他们有三个月前的这类信息，他们就能将现在的数据和三个月前的数据进行对比。他们真正希望知道的是"比萨饼店的经营状况如何""你是否能控制成本""比萨饼店是否正在盈利"。损益表提供的正是这类信息。某公司的损益表的基本结构详见表 8-1。

表 8-1　某公司损益表的基本结构

2017 年 1 月 1 日—2017 年 3 月 30 日

营业收入净额
销货成本
总利润
销售费用、管理费用、财务费用（SGA）
税息折旧前利润（EBITD）
折旧费用
税息前利润（EBIT）
利息费用
税前利润（EBT）
税费
净收益（NI）

有几点需要大家特别注意：首先，所有与产品或服务的制作、生产直接相关的费用都属于销货成本；其次，不重复计算任何费用这一点非常重要。如果某项成本已经计入销货成本中，那么就不能再将其计入销售费用、管理费用和财务费用中；最后，任何费用都不能忽略。如果某项费用不属于常规费用，那就应该计入销售费用、管理费用和财务费用中的其他费用中。如果公司在某个特定时期出现了一笔特别的费用，这笔费用就应该被计入特殊费用中。

接下来我们来看看什么是折旧。当你在经营中使用某个机器时，机器的价值随着使用量的增加而下降。就像你开的车一样，车的价值随着行驶时间和行驶距离的增加而下降。如果你打算卖出一辆旧车，车的售价将低于你当初买新车的价格，因为车的零件会在使用过程中受到磨损。从税息折旧前利润减去机器在每一经营阶段内的价值下跌后，就得到税息前利润。尽管你不需要真的向谁支付折旧费用，但当机器在将来某个时间点磨损到不得不更换的时候，这笔费用最后也还是会由你承担。税息前利润减去付给银行或其他债权人的贷款利息，得到税前利润，也叫应税所得。税前利润减去所得税，得到净收益。净收益即这段时间内的营业利润。

资产负债表

在说明了你在过去三个月里做的事情之后，你还会经常被问道："那我们的创业现在进行到哪一步了？"通常情况下，你会像这样回答："我们现在有 4 000 美元的银行存款，价值 2 000 美元的奶酪，价值 100 美元的调味酱，冰箱里还存放着价值 400 美元的已经做好了的比萨饼。共计有 2 300 美元的账款没有收回。还有一笔 2 300 美元的贷款快要到偿还日期了……"资产负债表提供的正是这类信息，它显示的是公司在某一特定日期的财务状况。需要注意的是，资产负债表提供的不是某一段时间的公司信息，而是一个特定的时间点的公司信息。资产负债表分为"资产"和"负债"两个部分。"资产"部分需要列出所有可以以一定价格出售的东西，"负债"部分则需要列出企业清偿倒闭前所有需要支付的款项。某公司的资产负债表的基本结构如图 8-1 所示。

2017 年 3 月 30 日

资产	负债
现金和有价证券	应付账款
应收账款	应付工资
存货	应付票据
流动资产合计	流动负债合计
地产、厂房及设备 －累计折旧	长期负债
净固定资产	股东权益
资产总计	负债和股东权益总计

图 8-1　某公司资产负债表的基本结构

在资产部分，最先需要填写的是公司的银行账户、经纪账户以及其他所有可以迅速兑换成现金的短期投资，这些被称为现金和有价证券。接下来需要计算的是其他人或企业在你的公司欠下的账款，比如说客户在你这里买了比萨饼，但是一直没有付款，这就是应收账款。你还需要计算你所拥有的所有原材料、半成品（即还没做好的比萨饼）和成品（即已经做好等待出售的比萨饼）的价值，这些都属于存货。将现金和有价证券、应收账款和存货加起来，就得到流动资产合计。之所以称之为"流动"，是因为在正常营业状态下，所有这些项目都能在一年内转换为现金。再下一项是公司所拥有的所有固定资产，称作地产、厂房及设备。这个名字基本就包含了所有内容。正如之前提到的，在出售固定资产时，售价都会低于原先买进时的价钱。因此，需要从买进每一种地产、厂房及设备的时间算起，减去它们的总磨损价值，这就叫作累计折旧。地产、厂房及设备中减去累计折旧后，得到公司的净固定资产。公司的资产总计即为其流动资产和固定资产的总和，也是公司所有可售出财产的总价值。

现在我们来看看资产负债表的另一部分——负债。资产部分是从流动资产开始算起的，负债部分也是从流动负债开始。流动负债是指正常营业状态下，公司在一年内需要支付给其他方的所有款项。需要注意一下，每次看到有"应收"两个字的术语时，都意味着公司将会有进项，同样，"应付"意味着公司欠了其他方的钱且必须在将来的某个时间点支付这笔钱。应付账款指在向其他方购买了原材料或其他产品或服务后，公司一直未付款而欠下的账款。应付工资指在员工为公司提供服务后，公司应该支付但是尚未支付给员工的工资。应付票据指一年内公司需要偿还的短期借款或贷款。流动负债之后，就是公司拥有的长期负债。长期负债可能是银行贷款或者债券。发行债券时，公司实际上是在向公众借钱。有时候，公司也可能向债权人借钱。不管是以何种方式欠下的债款，长期负债的还款期都大于一年。流动负债和长期负债的总和为公司的负债总计，即公司需要支付的所有款项。

在接触资产负债表时，不熟悉会计知识的人最大的困难就在于无法理解负债部分的股东权益的位置。他们不理解为什么股东权益放在负债的一边，他们很疑惑："这是我的钱，我不欠任何人的钱。"答案是："资产负债表反映的不是他们个人的情况，而是公司的情况。个人和公司是完全不同的存在，他们每个人都只是公司的一个股东，而公司可能还有许多其他股东。"财务报表上的所有数据都是从公司的角度得出的。如果公司被清算，公司偿还负债后的剩余权益都归股东所有，这里的剩余权益即为股东权益。从数学角度来说，股东权益为资产总计和负债总计之间的差额。因为资产总计指的是公司所有可售出财产的总价值，而负债总计指的是公司需要支付的所有款项。资产总计减去负债总计后剩余的部分就属于股东了。股东权益包括股东原先给公司的投资加上公司自成立起所挣得的收益和再投资的资产。之所以叫资产负债表，其中一个原因就是表格中资产部分和负债部分的数值必须相等，否则就一定是哪里出错了。公司购买资产所用的钱可能是来自于某个公司必须要偿还的个人或企业（也就是负债），可能来自股东，也可能来自公司自身的盈利和储蓄（即公司再投资的资产）。

现金流量表

在向你父母和朋友们解释了比萨饼店过去三个月的经营状态和创业现在所处的阶段后，他们很可能问这样的问题："损益表上的净收益显示说比萨饼店在过去的三个月里盈利3 500美元，而资产负债表上显示比萨饼店现在的现金余额为2 000美元，但三个月前的资产负债表上显示的是比萨饼店在银行存款有3 000美元。既然你说比萨饼店赚了3 500美元，那为什么银行存款余额由3 000美元减到了2 000美元呢？"现金流量表就能回答这个问题。现金流量表是进行财务分析时最重要的文件。但讽刺的是，现金流量表不提供任何新的信息，它提供的信息在损益表和资产负债表里就已经有了。现金流量表的功能是将某一时间段初期的资产负债表、这一时间段内的损益表、这一时间段末期的资产负债表里面的信息进行整理，从而得出公司的现金余额是增加了还是减少了。

公司盈利但银行存款余额减少可能是出于以下几个原因：

- 公司用盈利的钱去偿还债务了；
- 公司售出比萨饼后，顾客还没付款，所以银行账户里的钱不多；
- 由于经营规模的扩大，公司用盈利的钱新购买了一台烘烤机；
- 公司将资金付给供应商了；
- 预料到旺季的销售情况之后，公司将盈利用来囤积存货了；
- 公司将一部分钱返还给股东了。

在有些情况下，即使公司正在亏损，其银行存款余额仍可能增加。比如说，公司可能将一部分财产出售了，或者公司借来了更多的资金。某公司的现金流量表的基本结构详见表 8-2。

表 8-2　某公司现金流量表的基本结构

2017 年 1 月 1 日—2017 年 3 月 30 日

经营活动现金流量

净收益

− 应收账款（期初 − 期末）

− 存货（期初 − 期末）

+ 应付账款（期初 − 期末）

+ 应付工资（期初 − 期末）

+ 应付票据（期初 − 期末）

+ 折旧费用

经营活动现金流量净额

投资活动现金流量

− 地产、厂房及设备（期初-期末）

投资活动现金流量净额

融资活动现金流量

− 支付给股东的股息

+ 长期负债（期初 − 期末）

+ 支付给股东的现金股利（期初 − 期末）

融资活动现金流量净额

现金流量变动净额
+ 期初现金余额
期末现金余额

现金流量表将现金流量分为经营活动现金流量、投资活动现金流量和融资活动现金流量三个部分。第一部分从净收益开始，调整了资产负债表中的部分项目。应收账款（期初－期末）指的是期末应收账款（也就是这个例子中 2017 年 3 月 30 日的应收账款）和期初应收账款（例子中 2017 年 1 月 1 日的应收账款）之间的差值。应收账款增加意味着，与前段时间相比，这段时间比萨饼店的赊销数额增多了，也就是说，更多的客户以赊账的方式购买了比萨饼。尽管在这期间公司可能已经收回了 2017 年 1 月 1 日前的赊销账款，但是应收账款还是增加了，这就意味着公司在这段时间的赊销账款的金额远高于已收回的账款金额。所以，在计算这段时间内的净收益时，那些没有为公司真正带来现金的销售也被计入了。同样，应付账款增加意味着，在这段时间，公司偿还的账款没有公司赊账的欠款多。所以，在计算这段时间内的净收益时，减去了那些实际上并没有支付的费用。第一部分的其他内容也按照这个逻辑进行了调整。折旧费用被加入净收益中，因为公司在这期间并没有真正支付折旧费用。折旧费用只是一种估算，估算的是，将来换置资产时，公司需要为这段时间的使用支付多少费用。

第二部分是投资活动现金流量，这部分考虑到了固定资产的购买和出售。如果 3 月 30 日的地产、厂房及设备高于 1 月 1 日的地产、厂房及设备，那就意味着公司新购买了地产、厂房及设备，也意味着公司有新的现金流出。在计算投资活动现金流量时，需要计算公司支付债权人和股东的现金流量，但是无需计算公司支付的利息。利息支付已经计入经营活动现金流量中的净收益中了。

第三部分是融资活动现金流量，包括股利分配、债权人的借款净额和股东的净出资额。经营活动、投资活动和融资活动的现金流量之和即为现金流量变动净额。如果计算过程无误，3 月 30 日的期末现金余额应该等于 1 月 1

日的期初现金余额加上这段时间内的现金流量变动净额。

现金流量表不仅能解释这一时间段内的现金余额变化，还能帮助我们理解公司的基本动态。如果经营活动现金流量为负值，表明公司这段时间的经营没有盈利。但是，如果投资活动现金流量和经营活动现金流量同时为负值，则表明公司正在准备扩大规模，所以投资了一部分资金用于购买新的地产、厂房及设备。在这种情况下，如果公司进展顺利，其融资活动现金流量一定为正值，也就是说债权人和股东一致看好公司的未来发展。尽管没有明确的规则，但人们通常认为经营活动现金流量良好的公司更为优秀。如果经营活动现金流量良好，但是投资活动现金流量并不是负值，这就可能意味着，因为发展前景不好，所以公司并没有在经营方面进行再投资。

财务报表的使用者

前面部分有提到，我们之所以需要财务报表，是因为财务报表能帮助创业者和投资人进行有效和高效沟通。然而，尽管财务报表是为投资人制作的，但对公司的其他利益相关者而言，财务报表也非常有用。利益相关者指所有和公司有利息关联的人。除持股人（即股东）外，和公司有明显利息关联的利益相关者还包括债权人、员工、管理者、客户、供应商、政府和社区。需要指出的是，如果把社区当成利益相关者，那么公司的利益相关者就基本上包括了社区里的所有人。所以，财务报表对利益相关者非常重要，这意味着财务报表对社区里的每个人都非常重要。

现在，我们对所有利益相关者逐个进行分析，看看每一类利益相关者是如何使用财务报表中包含的信息，并从这些信息中受益的。

首先，从债权人开始。我们很容易就能理解为什么债权人对财务报表感兴趣。其实，债权人真正感兴趣的是公司能否按时支付本金和利息。针对这一问题，债权人会通过财务报表来了解公司的营业状况，以及公司能否产生足够的收益以偿还债务。在决定是否应该借款给某一公司时，债权人将借助财务报表来判断公司的整体状况，并进一步分析公司按时归还债务的可能性。债权人还会通过财务报表来确定，如果经营失败，公司是否能通过出售资产来偿还所有债务，也就是说公司资产的价值是否等于或者大于这笔借款的价值。

第二类利益相关者是公司员工。员工的生计是以公司的成功为基础的。员工可以通过财务报表来判断公司目前是否盈利，或者公司短期内是否会盈利。员工通常拥有员工股票认购权，或者是拥有公司的股份。这样一来，员工的利益就和公司的价值直接挂钩了。此外，员工还会经常关心公司能否为其缴纳养老金。

第三类利益相关者是管理者。令人惊讶的是，管理层才是实际上使用财务报表最多的人。创业者也属于管理者，管理者不仅仅是财务报表的创建者，还是财务报表的最大受益者。借助财务报表，管理者能了解公司的运营情况，并计划和控制公司的未来发展。按照惯例，管理者会将公司现在的财务报表和过去的财务报表进行比较，以此来判断公司是否一切顺利。管理者会定期用财务报表来追踪运营成本，提高运营效率，以及最重要的一点，和其他利益相关者（尤其是公司员工）沟通。管理者不仅会看自己公司的财务报表，还会看竞争对手公司的财务报表。通过分析这些财务报表，管理者可以了解整个行业的状况以及各个公司在行业内的地位。同样地，投资人也会分析竞争对手公司的财务报表，并以此判断这一行业是否有利可图，以及投资这一公司是否能为自己带来足够的收益。在注入投资后，投资人还会继续分析竞争对手公司的财务报表，以观察整个行业的发展状况，并判断公司管理者是否和他们的竞争对手势均力敌。

其他利益相关者也对公司的财务报表有一定兴趣。例如，客户对公司的财务状况感兴趣是因为他们想要知道，公司能否满足他们对售后服务、零部件购买和保修索赔的要求。在购买产品或服务后，客户的使用体验的好坏直接依赖于公司能否兑现其承诺，提高产品或服务的可用性。同样，供应商的兴趣来源于他们想知道，如果他们将产品或服务赊销给公司，公司能否支付相应账款。供应商还会通过客户的财务报表来预测未来的订货情况，并做相应的准备和安排。而另一方面，对在其管辖范围内进行经营活动的所有公司来说，政府就像是一个沉默的合作伙伴。按照法律规定，公司需要将收益的一部分以税费的形式上缴给政府。在判断公司需要上缴多少税费时，政府最重要的判断工具就是财务报表，公司的财务报表需要清楚地显示公司在这段时间的收益额。在某些情况下，政府也会通过财务报表来判断公司是否违反了相关法规。最后一类利益相关者是社区。公司被视为所在社区的一部分。公司受益于社区，也需要对社区承担一定责任。社区成员经常通过财务报表来判断公司能否为社区的改善作出贡献。

财务报表的缺点

尽管财务报表对公司来说极为重要，我们也不能忽略它们的局限性。由于所有财务报表都使用相同或者相似的术语，因此人们很喜欢将自己公司的财务报表和其他公司的财务报表进行比较。如果其他公司和自己公司属于同一行业、同一国家，那么比较财务报表这一方式是明智的。但如果其他公司的运营环境和自己公司不一样，也就是说，所处的地理环境不同（会计规则不同）或者属于不同行业（成本结构和标准管理不同），这时，比较财务报表的方式往往是有问题的。即使是处于同一行业，如果公司的规模差别很大，通过比较财务报表得出的结论也可能是错误的或者有误导性的。最后，即使是在同一行业内，不同的公司使用的会计方法和会计假设也可能不同，因而财务报表上的项目分类也会不同,这样一来,要想用同一基准进行比较就非常困难了。此外,在财务报表的编制上,法律规定了很多硬性要求,但也给予了公司在很多情况下自主决策的自由。这种自由使得人为操纵成为可能,不法商人们可以通过财务报表造假达到他们的目的,而不是反映公司在这段时间内的真实状况。

财务比率

比率就是一个数字除以另一个数字,如果涉及的数字是财务性质的,得到的就是财务比率。如果有人告诉你,A公司今年赚了2 000万美元,你从这句话中得到的信息是很有限的。你不知道这个数字是高还是低,A公司的收益情况是好还是坏。但是,如果你得知公司的销售额为1亿美元,你就能得出,每一美元的销售额都能给公司带来20美分的收益。在这个过程中,你得出了A公司的盈利能力比率。接着,你可以将A公司的盈利能力比率和行业内所有公司的盈利能力比率、竞争对手公司的盈利能力比率相比较,这样你就能判断出A公司的收益情况相比其他公司是好还是坏。你甚至可以比较公司去年和今天的盈利能力比率,以此判断公司的收益情况是变好了还是变差了。要想进行比较,比率是必不可少的。

这一章分析比率的目的不是为了教你如何计算会计师和财务分析师所使用的各种比率,而是为了让你对一些重要的比率有所了解,这样,在准备预计财务报表时,你就能避开一些常见的陷阱。此外,正如你在后面章节中会发现的那样,债权人经常在贷款协议中插入一些条款,这些条款会要求借款人保持一定的财务比率。如果未能注意到并理解这些条款的目的和重要性,创业者就可能会在某一天突然发现自己面临技术性违约和清偿危机。

从广义上说,财务比率可以分为流动性比率、效率比率、盈利能力比率、杠杆比率和市场比率这几类。

流动性比率

顾名思义，流动性比率提供的是关于公司流动性的信息。如果某一物品很容易就可以迅速地以公平价格被转换成现金，这一物品就被认为具有流动性。如果一家公司没有足够的流动性资产，那么即使拥有大量的房产、厂房、设备等资产，这家公司还是没有足够的钱来支付给员工、供应商、银行和债权人。将原材料赊销给你时，供应商希望知道你是否能够在将来按时付款。即使是规模很大、拥有很多资产的公司，如果这家公司没有足够的流动性资产，那债权人还是有可能会延迟收到账款，或者可能不得不通过法律途径来收回账款。任何商人都不希望走法律程序，这对他们来说是一个额外的麻烦。所以，在进行赊销之前，供货商会习惯性地去看客户的流动性资产。供货商通过计算流动性比率来判断客户的偿债能力，银行和其他债权人也是这样。

最为广泛使用的两个流动性比率是流动比率和速动比率。流动比率的计算公式为流动资产除以流动负债。流动资产是指公司可以在一年的一个营业周期内变现的资产，如有价证券、应收账款、存货等。同样，流动负债是指公司将在一年的一个营业周期内偿还的债务，如应付账款、应付工资、应付票据等。流动比率反映的是，对于未来一年所需要支付的债务，公司能够为每一美元的债务偿还多少钱。公司的流动比率越高，借款人越有信心能按时收回账款。虽然按照会计规则，存货也被视为流动资产，也就是说，公司有可能在一年之内将存货转换为现金，但是，事实上，公司将存货变现的速度往往远比一年要长。此外，由于市场趋势的变化或者其他变化，存货的价值可能会很快变化。因此，速动比率（又称酸性测验比率）经常和流动比率一起被用来分析公司的流动性状况。速动比率和流动比率相似，但是，计算流动比率时需要计算存货，计算速动比率时则不用考虑存货。

效率比率

效率比率，又称资产使用效率比率或经营活动比率，衡量的是公司把资产转变为现金的速度。了解效率比率对创业者来说尤其重要，因为在制作预计财务报表时，除非存在特定的偏差原因，否则公司的效率比率应该和所在行业的效率比率保持一致。最重要的效率比率包括存货周转率、应收账款周转率、固定资产周转率和总资产周转率。一个高效的系统应该能将每一单位的输入转换成大于一单位的输出。在效率比率中，输出是销售额，输入是公司所使用的资产。如果一个公司能够用更少的资产产生更多的销售额，那么，通常就可以说这家公司比其他公司更有效率。

现在我们来逐个分析上面提到的效率比率。公司必须保持一定量的存货以满足客户的不时之需，也必须保持一定量的原材料和半成品以满足自身的生产需要。如果相比竞争对手而言，公司需要用到更多的存货来产生同样的销售额，那么该公司的库存管理可能更为低效，或者账面上有作废存货。因此，计算公司的存货周转率是很有必要的。由于不同公司的利润率不同，所以存货周转率的计算公式为销货成本除以平均库存，而不是销售额除以库存。这一公式保证了高利润公司的低效率库存没有被销售额内的高利润掩盖。存货周转率较高的公司能够用较少的存货来经营业务，公司售出商品的速度也比竞争对手公司快。

公司的应收账款周转率是指公司能够收回赊销账款，将应收账款转为现金的速度。应收账款的计算公式为赊销收入净额除以应收账款平均余额。应收账款周转率可以用来计算应收账款周转天数，计算公式为365除以应收账款周转率。如果一家公司的应收账款周转天数高于其竞争对手公司的周转天数，则可以说明以下两点：首先，这可能意味着该公司的赊销政策较为宽松，以此来为客户提供优厚的赊销条款，从而吸引更多的销售量；其次，公司在收回应收账款上可能遇到了挑战，有些账款无法收回。如果一家公司的应收账款周转天数较低，表明该公司的赊销政策非常严格，但该公司也可能因为这种严格而失去一些客户。

固定资产周转率的计算公式为净销售额除以固定资产，而总资产周转率的计算公式为净销售额除以总资产。固定资产周转率和总资产周转率分别显示的是公司使用固定资产和总资产产生销售额的效率。同一行业内，一家公司能够使用较少资产产生 100 万美元的销售额，而另一家公司需要更多的资产才能产生同样的销售额，那么我们可以说第一家公司利用其资产进行经营的效率更高。但是，在判断公司经营状况时，我们不能只看这些比率。有的公司资产使用状况良好，但其资产周转率却并不优秀，这可能仅仅是因为公司采用的折旧政策比较保守，或者公司最近购买了更高效的机器来代替那些过时和废旧的机器。

盈利能力比率

可能你在现实生活中已经接触过盈利能力比率，但是你并没有意识到那就是盈利能力比率。我们经常谈到利润率。利润率指的是公司的净利润占公司销售收益的比例，即净利润与净销售的比率。相比利润率低的公司，利润率高的公司更受大众喜欢。其他被广泛使用的利润率还包括资产利润率（ROA）和股本回报率（ROE）。资产利润率的计算公式为净收入除以总资产。资产利润率表示的是公司能用每单位的公司资产创造多少净利润。股本回报率的计算公式为净收入除以股东股本。股本回报率表示的是公司能用每单位股东提供的资金获得多少净利润。股本回报率可以说是对公司来说最重要的一个比率，因为公司的目标就是最大限度地提高股东所持有的价值。股本回报率取决于公司的利润率、资产使用效率和杠杆比率。公司可以通过三种方式提高股本回报率：提高利润率（主要通过控制公司成本），提高资产周转率（主要通过减少使用的资产或者更有效地使用资产）和使用杠杆（即通过负债来增加公司资产）。但是，使用杠杆来提高股本回报率是一个非常危险的举动，下一部分会对此进行详细讲解。

杠杆比率

杠杆指的是公司通过借款来为自己提供资产。相对于其资产具有较大债务比例的公司被称为高杠杆公司。公司可以通过借款来提高股东的股本收益率，但是使用高杠杆也意味着，如果行情不好，股东将会承受更多损失。股东不仅会失去自己投资的所有金额，还会失去从债权人那里借来的所有借款。此外，股东还需要将借款的利息支付给债权人，这样一来情况会更加糟糕。为了证明这一点，我们可以用一张收入表来比较一下同一行业但杠杆水平不同的A、B两家公司（详见表8-3）。A公司是一家纯股权公司，没有任何杠杆，而B公司的杠杆水平很高。

表8-3 同一行业但杠杆水平不同的A、B两家公司对比

	经济繁荣时期 A公司	经济繁荣时期 B公司	经济萧条时期 A公司	经济萧条时期 B公司
销售额	100	100	60	60
销货成本	70	70	42	42
总利润	30	30	18	18
销售费用、管理费用、财务费用	12	12	12	12
税息折旧前利润	18	18	6	6
折旧费用	5	5	5	5
税息前利润	13	13	1	1
利息费用	0	7	0	7
税前利润	13	6	1	−6
税费（30%）	3.9	1.8	0.3	−1.8

(续表)

	经济繁荣时期		经济萧条时期	
	A 公司	B 公司	A 公司	B 公司
净收益	9.1	4.2	0.7	−4.2
负债（利率为每年10%）	0	70	0	70
股本	80	10	80	10
股本回报率	11%	42%	1%	−42%

正如我们所看到的，经济繁荣时，在 A、B 两家公司的销售额和盈利能力一样的情况下，A 公司的股本回报率为 11%，而 B 公司的股本回报率为 42%。但是，经济不景气时，在 A、B 两家公司的销售额下滑程度同样的情况下，A 公司仍能维持 1% 的股本回报率，而 B 公司的股本回报率却为-42%。需要指出的是，在上面的例子中，B 公司的股本回报率之所以是-42%，不是因为其他原因，仅仅因为 B 公司的负债较高。因此，杠杆比率是用来衡量公司财务风险的指标。

最为广泛使用的杠杆比率有负债股本比率、资产负债率和利息保障倍数。负债股本比率的计算公式为总负债除以股东股本，它衡量的是公司每一美元的股本所对应的负债金额。从外行的角度来说，负债股本比率计算的是，向公司每投资一美元，需要从债权人那里借多少美元。同样，资产负债率的计算方式为总负债除以总资产，它反映的是在总资产中有多大比例是通过借债来筹资的。

利息保障倍数衡量的是公司支付负债利息的能力，计算公式为税息前利润除以利息费用。税息前利润，即营业收入，是支付利息和税费前的公司收入。利息是一种免税费用，所以公司的利息费用在交税前就需要支付，也就是说，公司需要在税前收入中扣除利息费用。利息保障倍数越高，公司风险越低；利息保障倍数越低，公司风险越高。债权人经常用利息保障倍数来判断某家公司是否能够按时偿还债务。

市场比率

创业者在创业后期寻求收购或者上市的时候，市场比率对创业者来说很有帮助。用得最多的市场比率是每股盈余（EPS）和市盈率（P/E）。每股盈余的计算公式为净收入除以普通股流通股数，它表示的是公司每一股当前所具有的获利能力。如果公司还发行优先股，优先股不计入普通股流通股数，也需从净收入中扣除。每股盈余提供的信息相对较少，因为公司的每股盈余较高并不代表该公司的盈利较高，而可能是因为公司发行的股份较少。因此，每股盈余常常被用来计算另一个称为市盈率的比率。市盈率的计算公式为每股市价除以每股盈余，这个比率告诉你股票市场上的投资者为获得一家公司每年股息收益所愿意的出价。市盈率可能是股票市场中的投资人使用最多的比率了。公司的运营状况和发展前景越好，其市盈率往往越高。但是在使用市盈率时，我们也要非常小心。有的公司之所以市盈率高，可能只是因为该公司由于某些特殊费用而使得收入减少。在这种情况下，高市盈率不能代表公司具有良好的发展前景。

在进行衡量比较时，投资人并不关心公司所在行业及经营业务，他们只关心自己的投资能否带来收益。因此，在其他方面一样的情况下，投资人愿意花同样多的钱赚取更多的收益，而不会在乎他们投资的公司会将这笔钱用来做什么。投资金额一样时，如果投资 A 公司得到的收益比投资 B 公司得到的收益要少，那么在这种情况下，投资人选择 A 公司的唯一原因只可能是 A 公司预计比 B 公司增长更快且未来收益更多。所以，市盈率高代表公司预期增长情况越好。

在兼并和收购谈判中，创业者常常会用竞争对手公司的市盈率来计算自己公司的价值。背后的逻辑是，B 公司和创业公司处于同一行业，且 B 公司的发展前景和创业公司相似，如果投资人愿意为花 20 美元来购买 B 公司年收入中的 1 美元，那么年收入为 100 万美元的创业公司就应该价值 2 000 万美元。同样，在决定首次公开募股的报价时，上市公司往往会将竞争对手公司的市盈率视为最重要的参数。

销售预测

如果创业者想尝试的是复制型创业而不是创新型创业，那么创业公司的销售预测工作会简单很多。如果竞争对手公司是上市公司，创业者就可以获得它们的历史销售数据。如果竞争对手公司没有上市，创业者也可以从这些公司中聘请一个有经验的人来预测销售情况。聘请的这个人可以通过自己的洞察力和认知来帮助创业者完成销售预测，对创业者而言，这也比创新型创业的销售预测工作要简单一些。而且，选择复制型创业的创业者往往在相关行业内有几年的工作经验，因此能够更好地完成销售预测工作。有的创业者能从之前工作的地方获得一定的客户基础。即使是那些没有客户基础的创业者，也对季节性趋势、相关的外部因素和该行业的商业周期等有基本了解，因此能够较为准确地预测未来几个季度或者几年的销售情况。

而对于选择创新型创业者来说，销售预测则是一项非常具有挑战性的任务。处在一个全新的创业领域中时，创业者没有任何的历史数据可以借鉴，也无法找到在该领域内有经验的人来做预测工作。此外，任何人包括本书作者都无法提供一个对所有创新型创业者都适用的模板。进行预测时，创新型创业者首先要做的是，将自己知道的关于该行业的所有信息都记在一张纸上。然后，创业者应该仔细想想自己需要掌握哪些信息，才能计算出未来几个季度内自己预计能售出多少单位的产品，以及这些产品的售价预计是多少。接着，创业者可以通过上网搜索信息、拜访相关企业的网站并和企业人员沟通、采访潜在客户等方式，获得尽可能多的关于目标客户和所在行业的相关信息。创业者也可以关注那些可能在创立初期遇到过和自己相似情形的企业，看看它们当时是怎么做的。通过这些步骤，创业者可能会发现一些线索或者一些新颖的想法。在整个过程中，创业者应该继续寻找自己公司和其他现有公司的相似点，同时对存在的差异进行调整。没有哪类运营模式是和现有模式完全不同的。一旦开始寻找，创业者总可以找到自己公司和某些相关公司的相似点。这些相似点会给创业者带来有价值的想法和答案。

在尝试预测销售情况之前，创业者应该制订自己的研究和营销计划。之后，创业者可以基于计划估计未来几个季度的总销售量。创业者需要能够向投资人说明自己打算在未来几个季度内售出多少产品。而创业者的答案应该是以自己和潜在客户的对话为基础的。比较好的做法是，创业者已经售出了一定量的产品，或者说已经建立了一定的销售渠道。我们强烈建议各位创业者不要在这一阶段使用任何市场价格比较法，也不要说公司产品所在市场的价值为1亿美元，而公司预计第一年能占据5%的市场份额这样的话。因为，真正的问题是，公司将如何占据市场份额。创业者应该这样回答："我们预测在第一季度以什么价格售出多少单位的产品，我们通过和潜在客户沟通得出了这一预测。"这样的回答显得有理有据，也会得到投资人的青睐。制订计划时，创业者也需要收集并记录几种能实现市场份额从0到5%的营销方式。这一做法不仅能让投资人对创业者更有信心，还会让创业者对自己的计划更有信心，也有利于创业者说服团队成员及公司员工同意这一计划。

在回答完"我们将安排X名销售人员以A方式接触这类潜在客户，并将花费Y美元以B方式接触市场内的其他客户"等之后，创业者可以举例进行说明，比如说，某家公司用这些方式成功地在相似领域占领了 X% 的市场份额。最重要的是，在向团队成员和投资人讲解这些方式前，创业者应该首先确定这些方式一定能够帮助公司获取那些市场份额。创业者不能弄虚作假，只有实事求是才能帮助公司找到和其他公司的相似点，并从中获得指导。完成整个过程后，创业者就能得出如表 8-4 所示的销售预测表。Q1、Q2、Q3、Q4 分别代表第一季度、第二季度、第三季度和第四季度，Y2、Y3 分别代表第二年和第三年，Y1 代表第一年即 Q1 至 Q4 的总和。

表 8-4　销售预测表

	Q1	Q2	Q3	Q4	Y1	Y2	Y3
销售额	×××	×××	×××	×××	×××	×××	×××

准备预计财务报表

创业者在完成了未来几个季度的销售预测工作后，就要开始绘制预计财务报表了。这一部分探讨的是，创业者应该如何确保自己的预计财务报表支撑自己的说法，并帮助自己获得他人的信任。首先，我们来看看预计财务报表中的哪些错误会毁掉创业者的信誉。

- 创业者宣称公司的销售量将会增长 20%，但是预计财务报表中公司的销货成本保持不变。
- 创业者预计公司的销量每一季度都会显著增长，但预计财务报表中的账款金额没有变化。
- 创业者的预计资产负债表中，资产与负债并不相等，或者某段时期内预计现金余额为负值或接近于 0。

- 创业者没有预测到，公司需要在研发、不动产、工厂和设备上进一步增加投资以支撑逐渐上涨的销售额。
- 创业者预计自己会通过向银行贷款来满足公司的资金需求，但是这一举动会导致公司的资产负债率异常的高。
- 在计算利息费用时，创业者假定的债务资本成本不合理。
- 创业者重复计算了某些费用，如创业者将某位主管的工资既计入了销货成本中，又计入了销售费用、管理费用和财务费用中。

这里列出来的这些错误并不十分全面，但也能让创业者认识到绘制预计财务报表的复杂程度，以及前面部分讲到的财务比率和财务概念之间的关联性。

预计损益表

首先探讨的是预计损益表，预计损益表的框架如表 8-5 所示。

表 8-5　预计损益表的框架

预计损益表

数字单位：千

	实际	Q1	Q2	Q3	Q4	Y1	Y2	Y3
销售额			根据销售预测得出					
销货成本			占销售额的一定百分比					
总利润			销售额减销货成本					
销售费用、管理费用、财务费用								
租金			呈阶梯增长或者随销售额增加而增加，随公司情况而定					
水电费			呈阶梯增长或者随销售额增加而增加，随公司情况而定					
保险费			呈阶梯增长或者随销售额增加而增加，随公司情况而定					
工资			随销售额增加而增加					

(续表)

	实际	Q1	Q2	Q3	Q4	Y1	Y2	Y3
营销费用		随销售额增加而增加
其他费用		随销售额增加而增加
总计		
税息折旧前利润		总利润减销售费用、管理费用、财务费用
折旧费用		占资产负债表中总固定资产的一定百分比
税息前利润		税息折旧前利润减折旧费用
利息费用		占资产负债表中长期负债的一定百分比，该百分比视负债成本而定
税前利润		税息前费用减利息费用
税费		占税前利润的一定百分比
净收益		税前利润减税费

要想作出预测，创业者首先得知道自己目前所处的状态。因此，绘制预计财务报表时，我们需要参考公司现在的财务报表（如损益表和资产负债表）。创业者此时的销售额很可能为 0，并且创业者也没有绘制当前时期的损益表。但即使在这样的情况下，创业者也应该具备绘制出一份没有明显问题的当期资产负债表的能力。

正如前文所提到的，资产负债表分析的是公司在某一给定时间点的经营状况。创业者应该能够说明公司收到了多少投资，也能够列出一份账目来说明这些投资都用在哪儿了，比如说，X 美元用于投资了不动产、工厂和设备，Y 美元用于库存上了，Z 美元现在正存在银行账户中。当期损益表在绘制预计财务报表时能够起到很大作用，但它并不是绘制预计财务报表所必需的。不过，公司最初的资产负债表的确是必需的，它能够帮助创业者确定公司目前所处的状态。

现在，我们将逐一分析预计损益表上的每一项内容。销售额是以之前做出的销售预测为基础的。每个时期的销货成本都占这一时期销售额的一定百分比。除非公司的营运模式比较特殊，否则这个比例必须符合公司所在行业的规范。营运模式比较特殊的公司有可能预测销货成本的确很低，但是这种情况下，创业者应该在谈到财务计划前就明确阐述公司营运的基本原理，并给出详细的成本节约分析。如果公司营运情况较为复杂，无法明确定义其所属行业，那么创业者就需要努力确定公司早期的各类生产成本，以计算出正确的销货成本占销售额的比例。在接下来的几个季度或者几年中，预计销货成本的增长速度和销售额的增长速度一致，这也就保证了销货成本占销售额的比例会一直保持不变。

至于销售费用、管理费用和财务费用，有些费用（如租金、水电费和保险费等）与销售额可能有直接关系，也可能没有直接关系。如果这些费用中的任何一种与销售额成比例增长，那么用在预计财务报表中，所有这些费用都应和销售额的增长率相同。如果这些费用目前都与销售额无关，那么，在预计财务报表中，这些费用可以在几个季度内保持不变；但是在将来的某个时间点，公司肯定会添加新的设施（以及承担随之而来的水电费和保险费）来容纳更多的员工，也肯定会需要更多的其他资源来产生和支撑未来几个季度或者几年中不断增长的销售额。可以预计到，这些费用会呈阶梯式增长，也就是说，在某个给定时期，这些费用会突然大幅增长，之后再在这一水平停留一定时间，直到由于销售额的增长需要，这些费用再一次大幅增长。营销费用包括各种各样的费用，如销售佣金、广告费用、旅行和娱乐费用等。营销费用应该基于公司的营销计划而进行预测，并且应该足以支撑预计销售增长率。销售佣金应该随销售额的增加而增加，因此预计财务报表中的销售佣金可以计算为占销售额的一定百分比，且这个百分比是固定不变的。公司支付的工资也预计会随销售额一同增加。随着公司规模的增大，员工的总任务量也会增加，因此公司必须雇用更多的员工以完成这些任务。随着公司不断发展，公司的其他费用也会相应增加，因此这些其他费用也可以预计为会随销售额的增加而增加。损益表上那些与销售额同比例增长的项目都应该和行业标准一致，除非公司营运模式较为特殊或者由于其他特殊事件影响。

税息折旧前利润下面的数据要么是基于资产负债表中的数据，要么是根据税法规定计算所得。折旧费用取决于公司预计会使用到的总固定资产，占前一时期的总固定资产的一定百分比。如果固定资产的平均经济寿命是15年，那么折旧费用为总固定资产的6.67%（1/15×100%）。利息费用依长期债务而定，占长期债务的一定百分比。该百分比则取决于公司贷款的加权平均利率。对于接下来的几个季度或者几年中的利息费用，如果已经知道公司的贷款总额及利率，那么创业者一般能够计算出准确的利息费用。但是如果公司尚未进行贷款，那么创业者需要预设一个较高的利率，因为创业公司往往不得不支付较高的贷款利息，以补偿银行或其他机构因贷款给创业公司而承受的高风险。在预计税费时，创业者应该根据预计税前利润的大小选择相应的税率。如果预计税前利润为负值，那么预计税费应该为0而不是为负值。即使公司有能力承受短期亏损，也没有人可以保证公司一定能承受住长期亏损并能获得亏损结转的资格。由于公司在近期不大可能因亏损而被允许减免税款，所以创业者应该采取保守态度，不要寄希望于减免税款。

预计资产负债表

现在，我们来看看预计资产负债表。预计资产负债表的框架如表8-6所示。

表 8-6　预计资产负债表的框架

预计资产负债表

数字单位：千

	实际	Q1	Q2	Q3	Q4/Y1	Y2	Y3
流动资产							
现金	根据预计现金流量表中的数据得出						
应收账款	占销售额的一定百分比						
存货	占销货成本的一定百分比						
流动资产总计							
地产、厂房及设备	呈阶梯增长或者占销售额的一定百分比						
累积折旧	前期折旧费用加上预计损益表中的折旧费用						
净固定资产	地产、厂房及设备减去累计折旧						
资产总计	流动资产总计加上净固定资产						
流动负债							
应付账款	占预计损益表中销货成本的一定百分比						
应付工资	占预计损益表中公司的一定百分比						
应付票据	和销售额的增长率一致						
流动负债总计							
长期负债	呈阶梯增长以满足公司现金需要						
负债总计	流动负债总计加上长期负债						
股东权益							
普通股权益	根据公司现金需要呈阶梯增长						
留存收益	前期净利润加上预计损益表中的净利润						
权益总计	普通股权益加上留存收益						
负债权益总计	负债总计加上权益总计						

关于上面给出的预计资产负债表框架，有几点需要说明一下。

第一，前面部分给出的资产负债表中将资产和负债单独分成了两栏进行计算，而虽然这里给出的预计资产负债表中没有采取那种格式，但实际上两张表中包含的信息是一样的。预计资产负债表之所以采用上面这种格式，是因为这种格式方便创业者按顺序陈列出每一项内容的价值，并对不同时期的数据进行比较。

第二，这张预计资产负债表假定的是公司不会支付股息。在发展的早期阶段，由于现金短缺，公司一般不会向股东支付股息，而是会将收益进行再投资以满足公司的增长需要，这就是留存收益。

第三，表8-6中Q1指的是公司在第一季度末的资产和负债情况，而"实际"指的是公司在目前，即第一季度初的实际资产和负债情况。

第四，和预计损益表不同的是，预计损益表中Y1时的数据为Q1至Q4的数据之和，但是在预计资产负债表中，Y1时的数据等于Q4时的数据，因为公司在第四季度末的资产和负债情况就是公司在第一年年末的资产和负债情况。创业者需要记住，损益表反映的是公司的一段时期的情况，而资产负债表反映的是公司在某一个时间点的情况。第四季度末和第一年年末是同一个时间点，因此在预计资产负债表中，Q4时的数据和Y1时的数据完全相同。

预计现金流量表

正如之前所提到的，现金流量表不提供任何新的信息，它提供的信息在损益表和资产负债表里就已经有了。如果创业者有能力绘制出预计损益表和预计资产负债表，那么创业者也应该有能力绘制出预计现金流量表。现金流量表的框架如表8-7所示。

表 8-7　现金流量表的框架

预计现金流量表

数字单位：千

	Q1	Q2	Q3	Q4	Y1	Y2	Y3
经营活动现金流量							
净收益	根据同一时期的损益表中的数据得出							
－应收账款（期初－期末）	根据资产负债表中的数据得出（同期资产负债表中的应收账款减去前期资产负债表中的应收账款）							
－存货（期初－期末）	根据资产负债表中的数据得出（同期资产负债表中的存货减去前期资产负债表中的存货）							
＋应付账款（期初－期末）	根据资产负债表中的数据得出（同期资产负债表中的应付账款减去前期资产负债表中的应付账款）							
＋应付工资（期初－期末）	根据资产负债表中的数据得出（同期资产负债表中的应付工资减去前期资产负债表中的应付工资）							
＋应付票据（期初－期末）	根据资产负债表中的数据得出（同期资产负债表中的应付票据减去前期资产负债表中的应付票据）							
＋折旧费用	根据同一时期的损益表中的数据得出							
经营活动现金流量净额							
投资活动现金流量							
－地产、厂房及设备（期初－期末）	根据资产负债表中的数据得出（同期资产负债表中的地产、厂房及设备减去前期资产负债表中的地产、厂房及设备）							
投资活动现金流量净额							
融资活动现金流量							
－支付给股东的股息	根据同一时期的损益表中的数据得出							
＋长期负债（期初－期末）	根据资产负债表中的数据得出（同期资产负债表中的长期负债减去前期资产负债表中的长期负债）							
＋支付给股东的现金股利（期初－期末）	根据资产负债表中的数据得出（同期资产负债表中的股东现金股利减去前期资产负债表中的股东现金股利）							
融资活动现金流量净额							

(续表)

	Q1	Q2	Q3	Q4	Y1	Y2	Y3
现金流量变动净额	经营活动、投资活动、融资活动的现金流量净额之和						
+期初现金余额	根据当前现金流量表的数据得出（即前期期末的现金流量）						
期末现金余额	根据当前现金流量表的数据得出（期初现金余额加上现金流量变动净额）						

现金流量表反映的是，公司从某一时期期初到期末发生的现金流量变化，而这些变化是由公司在这一时期内的营运活动引起的。比如说，资产负债表中的第一项信息是现金，Q1 时的现金指的是第一季度末时公司预计拥有的现金余额，要想计算出 Q1 时的现金余额，我们需要借助的信息包括：公司当前的现金余额（即公司在第一季度初的现金余额），预计资产负债表中第一栏和第二栏的数据（即公司的实际资产负债情况和公司在第一季度末的资产负债情况），以及公司在第一季度时的损益表。

预计财务报表案例分析

如果创业者没有任何实际财务报表作为参照，且公司产品过于新颖因而找不到可靠的行业基准可以参考，那么对于创业者来说，绘制预计财务报表将是最具挑战性的一个任务。如果遇到这种情况，我们可以通过本部分的案例分析来寻找思路。

表 8-8 的预计财务报表是为一个实际销售额为 0 的公司编制的。在这个案例中，我们假设创业者从个人储蓄中拿出 1 万美元用于创业，又从一个天使投资人那里获得了 50 万美元的投资。创业者花了 1.3 万美元用于研发产品模型，22 万美元用于购买产品生产设备，2 万美元用于采购原材料。现在，创业者欠着员工 3 000 美元的工资，还有大约 26 万美元的银行存款。

表 8-8　预计损益表

数字单位：千

预计损益表	实际	Q1	Q2	Q3	Q4	Y1	Y2	Y3
销售额		200	400	700	1 000	2 300	4 000	7 000
销货成本		120	240	420	600	1 380	2 400	4 200
总利润		80	160	280	400	920	1 600	2 800
销售费用、管理费用、财务费用								
租金		10	10	10	20	50	80	120
水电费		4	4	4	8	20	32	48
保险费		2	2	2	4	10	16	24
工资		100	100	150	150	500	700	900
营销费用		50	80	100	140	370	500	800
其他费用		20	40	70	100	230	400	700
总计		186	236	336	422	1 180	1 728	2 592
税息折旧前利润		（106）	（76）	（56）	（22）	（260）	（128）	208
折旧费用		15	15	15	29	74	29	59
利息前利润		（121）	（91）	（71）	（51）	（334）	（157）	149
利息费用		—	—	—	—	—	—	150
税前利润		（121）	（91）	（71）	（51）	（334）	（157）	（1）
税费		—	—	—	—	—	—	—
净收益		（121）	（91）	（71）	（51）	（334）	（157）	（1）

预计资产负债表	实际	Q1	Q2	Q3	Q4	Y1	Y2	Y3
流动资产								
现金	260	37	308	311	59	59	934	342
应收账款	—	134	268	469	670	670	1 165	2 039
存货	20	100	200	350	500	500	870	1 522
流动资产总计	280	271	776	1 130	1 229	1 229	2 969	3 902
厂房和设备	220	220	220	440	440	440	880	1 540
房产、厂房和设备	—	15	29	44	74	74	103	162
累计折旧	220	205	191	396	366	366	777	1 378
净固定资产	500	477	966	1 526	1 595	1 595	3 746	5 280

（续表）

预计资产负债表	实际	Q1	Q2	Q3	Q4	Y1	Y2	Y3
流动负债								
应付账款		80	161	281	402	402	699	1 223
应付工资	3	10	10	15	15	15	21	27
应付票据	—	10	10	15	15	15	20	25
流动负债总计	3	100	181	311	432	432	740	1 275
长期负债	—	—	—	—	—	—	1 000	2 000
负债总计	3	100	181	311	432	432	1 740	3 275
股东权益								
普通股权益	510	510	1 010	1 510	1 510	1 510	2 510	2 510
留存收益	（13）	（134）	（224）	（295）	（347）	（347）	（504）	（505）
权益总计	497	376	786	1 215	1 163	1 163	2 006	2 005
负债权益总计	500	477	966	1 526	1 595	1 595	3 746	5 280

预计现金流量表	Q1	Q2	Q3	Q4	Y1	Y2	Y3
经营活动现金流量							
净收益	（121）	（91）	（71）	（51）	（334）	（157）	（1）
－应收账款（期初－期末）	134	134	201	201	670	495	874
－存货（期初－期末）	80	100	150	150	480	370	652
+应付工资（期初－期末）	80	80	121	121	402	297	524
+应付票据（期初－期末）	7	—	5	—	12	6	6
+折旧费用	10	—	5	—	15	5	5
经营活动现金流量净额	15	15	15	29	74	29	59
	（223）	（230）	（276）	（252）	（981）	（685）	（933）
投资活动现金流量							
－房产、厂房和设备（期初－期末）	—	—	（220）	—	（220）	（440）	（660）
投资活动现金流量净额	—	—	（220）	—	（220）	（440）	（660）
融资活动现金流量							
－支付给股东的信息	—	—	—	—	—	—	—
+长期负债（期初－期末）	—	—	—	—	—	1 000	1 000
+支付给股东的现金股利（期初－期末）	—	500	500	—	1 000	1 000	

（续表）

预计现金流量表	Q1	Q2	Q3	Q4	Y1	Y2	Y3
融资活动现金流量净额	—	500	500	—	1 000	2 000	1 000
现金流量变动净额	（223）	270	4	（252）	（201）	875	（593）
+期初现金余额	260	37	308	311	260	59	934
期末现金余额	37	308	311	59	59	934	342

我们需要立刻注意到这些基本信息：

第一，如表 8-8 所示的损益表中，Y1 时的数据仅仅是 Q1 至 Q4 时的数据之和；如表 8-6 所示的资产负债表中，Y1 时的数据等于 Q4 时的数据；而表 8-7 现金流量表中 Y1 的值等于资产负债表中 Y1 和实际发生额之间的差值。

第二，在未来的三年中的所有时间点上，公司的现金流量余额从未低于 0 或者接近 0。

第三，任何时候，公司的资产总计都等于负债和股东权益总计。根据我们的估计，公司有望在第三年末实现盈亏平衡。

根据这些预计财务报表，潜在投资人可以判断出，不到六个月该公司可能就需要进行融资了。在这些财务报表中，创业者预计自己能在第一季度结束后通过股权融资获得 100 万美元的投资，这笔投资将在第二季度和第三季度分期注入公司，每次注入金额为 50 万美元。创业者还预计到，经过一年的营运，公司将在第二轮股权融资中获得 200 万美元的投资，这笔投资将在第二年和第三年分期注入公司，每次注入金额为 100 万美元。我们在前面提到过，投资人倾向于根据公司发展成果分期注入投资。因此，创业者基于分期投资绘制预计财务报表的做法非常明智。创业者预计，在第二年和第三年，为筹集资金购买新设备，公司会以贷款融资的方式分别获得 40 万美元的融资，也就是说，在这两年中，公司每年都会因贷款融资而创下 40 万美元的长期债务。创业者还预计，在公司实现盈亏平衡前，为满足公司发展的现金需要，公司将以可转换债券的形式每年额外融资 60 万美元。所以，在第二年和第三年，公司的长期负债（期初-期末）均为 100 万美元。

现在，我们来分析一下预计损益表中的信息。不难注意到，每个时期的销货成本都预计为销售额的 6%。租金在未来的几年来呈阶梯增长，根据租金的增长趋势，我们可以看出，创业者预计公司会在第一季度和第三年不得不租用额外的办公场地来容纳更多的员工。水电费和保险费的增长比例预计和租赁设施费用的增长比例相同。创业者预计公司会分别在第三季度、第二年、第三年雇用新员工来满足销售额的增长需要。基于营销计划，为了带来更多销量，公司的营销费用预计每个时期都会有所增长。这里的营销费用包括销售人员的佣金和奖金等费用。这些费用往往是随销售额的增加而增加，因此营销费用往往预计为和销售额的增长速率相同。其他费用也会以同样速率增长。对有的公司来说，研发工作产生的费用可能会占据其他费用的很大部分。在这种情况下，公司应该在损益表中将研发费用单独设为一项，并将研发费用预计为和销售额的增长速率相同。对这种公司而言，研发工作是维持公司不断发展的重要影响因素，因此有必要在研发上投资大量资金。但在我们的案例中，研发费用很少，因此被归入到其他费用中。计算折旧费用时，创业者假设公司投资的固定资产平均拥有 15 年的经济寿命，因此预计折旧费用为前一时期总固定资产的 6.7%，如案例中第二季度的折旧费用预计为 1.5 万美元（即第一季度总固定资产 22 万美元的 6.7%）。创业者预计的负债成本相对较高，为 15%，因此利息费用计算为期初长期负债的 15%。资产负债表反映的永远是公司在相关时期期末的信息。由于某一时期期初的数据等于前一时期期末的数据，所以我们可以用资产负债表中前一时期的数据来确定相关时期期初的数据。所有时期的预计税费都为 0，因为公司在这些时期预计不会盈利。

接下来，我们来分析一下预计资产负债表中的信息。创业者预计的应收账款周转天数为 60 天。第二季度的预计应收账款为 26.8 万美元，预计销售额为 40 万美元，预计应收账款大约占预计销售额的 67%。一个季度为 90 天，而应收账款周转天数为 60 天，所以在第二季度末，大约会有 67%（60/90×100%）的应收账款仍然没有收回。创业者还假定公司将会保持 75 天的平均存货周转天数，以满足顾客需求和预计销售额的增长需求。第二季度的存货量预计为 20 万美元，相当于第二季度中 75 天的销货成本（240 000×75/90=200 000）。

创业者假定，在第三季度的某个时间点之前，公司现有的生产厂房和设备都足够满足预计生产需求和预计销售额的增长需求。到第三季度的某个时间点后，公司不得不采取措施将生产能力增加到目前的两倍，在第二年的某个时间点公司的生产能力将再次翻倍。到第三年时，地产、厂房及设备预计会和销售额以同样的速率增长。累计折旧的计算方式为前一时期的累计折旧加上与即损益表中这一时期的折旧费用。和应收账款一样，应付账款周转天数也预计为 60 天（应付工资的计算方法是预计在那个时期最后 9 天应付给员工的平均工资）。应付票据预计会随公司发展而稳步增长。根据公司在某一时期的预计收益和预计开支，我们可以算出公司的该时期的资本需求，从而得出预计长期负债和预计普通股权益。计算预计长期负债和预计普通股权益时，首要目标之一是确保公司在任何时候都有足够的现金，以避免出现清偿危机。某一时期的预计留存收益的计算方式为，前一时期的留存收益加上这一时期损益表中的净收益。前文已经提到过，一般来说，创业公司预计不会向股东支付股息。因此，所有的净收益都将计入留存收益中。但事实上，大多数时候，公司的净收益都为负值，所以，公司不会分红这一点是毫无疑问的。在将为负值的留存收益计入资产负债表中的股东权益部分时，公司亏损将直接导致股东权益的减小。

最后分析的是预计现金流量表。预计现金流量表是根据预计损益表和预计资产负债表提供的信息绘制的。绘制预计现金流量表时，创业者不需要再作出新的预测。但是，在计算预计资产负债表中第一年的负债信息时，需要注意第一年初的数据不等于第四季度初的数据，而应该等于公司现在的数据，因为第一年初对应的时间点是现在，而不是第四季度初。

现金预算

在绘制预计财务报表时，现金预算不是必需的步骤，但准备月度现金预算往往能帮助创业者确定公司的近期现金需要并制订相应计划。现金预算预测的往往是公司在未来一年中的现金需要。如果有需要的话，创业者可以用现金预算中的信息来绘制预计资产负债表。表 8-9 是我们为上面案例中的公司做出的未来六个月的现金预测。

表 8-9　现金预算

数字单位：千

	实际		预计					
	十一月	十二月	一月	二月	三月	四月	五月	六月
当月销售额	—	—	40	65	95	75	152	173
收回销售额								
当月销售额收回 9%	—	—	4	6	9	7	14	16
上月销售额收回 18%	—	—	—	7	12	17	14	27
上月前销售额收回 73%	—	—	—	—	29	47	69	55
收回账款总计	—	—	4	13	49	71	97	98
销货采购费和存货采购费	—	—	34	79	87	46	101	193
当月费用付款 28%	—	—	10	22	24	13	28	54
上月费用付款 50%	—	—	—	17	40	44	23	51
上月前费用付款 22%	—	—	—	—	7	17	19	10
给供应商的付款总额	—	—	10	39	71	74	70	115
营运费用								

（续表）

	实际		预计					
	十一月	十二月	一月	二月	三月	四月	五月	六月
租金			3	3	3	3	3	3
水电费			1	1	1	1	1	1
保险费			1	1	1	1	1	1
工资			26	33	33	33	33	33
营销费用			12	17	21	24	26	30
其他费用			5	5	10	12	13	15
总计			49	61	70	75	78	84
净利息费用			0	0	0	0	0	0
固定资产采购费			—	—	—	—	—	—
付款总额			58	100	141	148	148	198
净现金流量			（55）	（87）	（92）	（77）	（52）	（101）
期初现金流量			260	215	129	37	460	408
短期贷款融资（偿还贷款）			10	—	—	—	—	—
长期贷款融资（偿还贷款）			—	—	—	—	—	—
股权融资			—	—	—	500	—	—
期末现金余额		260	215	129	37	460	408	308

在表 8-9 的现金预算中，如果将三个月的销售额和费用分别相加，得到的数据正好等于预计损益表中当季的预计销售额和预计费用。三月末和六月末的现金余额分别等于第一季度末和第二季度末的现金余额。另外，三月末和六月末的应付账款、应收账款、应付工资则分别等于预计资产负债表中第一季度末和第二季度末的应付账款、应收账款和应付工资。现金预算一般都是从预计销售额收款开始。在这个例子中，我们假设 9% 的当月销售额会在当月收到账款，这 9% 往往都是以现金形式进行的销售。18% 的销售额预计会在下个月收回，而剩下的销售额则预计会在下个月之后才会收回。比如说，公司在三月的销售额预计达到 9.5 万美元，这 9.5 万美元中，8 850 美

元预计能在三月收回，1.71万美元预计能在四月收回，而剩下的6.935万美元则预计会在五月收回。同时，在三月，公司预计能收回1.17万美元的二月销售额和2.92万美元的一月销售额。按照预计资产负债表，公司在三月末的应收账款（即公司在第一季度末的应收账款）为13.4万美元。到三月末，所有由一月份和一月份前的销售额带来的应收账款都已经被收回。公司在二月的销售额为6.5万美元，到三月末的时候，这6.5万美元中有1.755万美元（9%+18%=27%，6.5×27%=1.755）已经收回，剩下的4.745万美元则成为应收账款。公司在三月的销售额为9.5万美元，这9.5万美元中只有8 850美元会在三月收回，剩下的8.645万美元会成为应收账款的一部分。所以，公司在三月末的应收账款为13.4万美元（4.745+8.654≈13.4）。

现在，让我们把注意力转移到公司将要支付的款项上。公司需要付款购买生产已销产品和库存产品所需的商品和服务。在第一季度初，公司有价值2万美元的存货，却没有应付账款。这意味着公司付现购买了生产这些存货所需要的商品和服务，或者公司以短期贷款的方式支付账款，但是这笔短期贷款已在当月还清。公司在一月份的销售额预计为4万美元，销货成本预计为2.4万美元。一月初的时候，公司出售的很可能是那批价值2万美元的存货，但随着存货的逐渐售出，公司将需要生产更多的产品以满足客户当月的购买需求，并为下个月的预计销售额准备足够的存货量。为了保证公司在二月初拥有价值3万美元的存货，创业者假设公司需要花3.4万美元来购买生产所需的商品和服务。公司预计会在一月份支付这笔账款的28%，在二月份支付这笔账款的50%，二月份后支付剩下的22%。这部分的计算方式和前面销售额的计算方式一样。需要注意的是，虽然预计损益表中第一季度的销货成本只有12万美元，但现金预算中第一季度（即一月份、二月份和三月份）的采购费用总计为20万美元，多出来的8万美元用在了采购生产存货所需的商品和服务上，所以公司的存货才会从第一季度初的2万美元增加到第一季度末的10万美元。在第一季度初，公司的应付工资为3 000美元，公司预计在一月份完成这笔支付，但在第一季度末，公司的应付工资反而增加到1万美元。由于员工工资不是按日结算，所以每个月末公司都会有一定的应付工资。公司在二月份会支付员工一月份的工资，但又会欠下员工二月份的工资。这就是公司在二月份和后面月份实际支付的工资保持不变的原因。

我们还需要注意到，公司在一月末的现金余额为26万美元，之后几个月公司的现金余额不断减少，在四月初，公司的现金余额减少至3.7万美元，但公司在四月份预计支付的账款比预计收回的账款要多7.7万美元，也就是说在现金余额只有3.7万美元的情况下，公司却还需要支付7.7万美元。创业者打算在四月份时依靠股权融资为公司注入资金，以避免出现清偿危机。在这个例子中，我们假设公司的现金余额不会为公司带来任何可观的收益。所有月份的净利息费用均为0，这意味着，即使公司在有的月份中现金余额很高，但平均算下来，公司现金余额所带来的利息也仅够支付公司应付票据的利息费用。

信贷额度

进行现金预算的目标之一是计算公司的短期现金需求。在这个例子中，公司以3.6%的利率获得了1万美元的短期贷款。这笔1万美元的贷款就包括在公司的可用信贷额度里。公司都会根据预计自身流动性需求向银行申请一定的信贷额度。在选择信贷额度的限额时，公司需要确保，即使事件的发展偏离了原先的计划，公司的现金余额也不会为负值。通常情况下，为了更加保险一点，公司都会申请允许限度内的最高信贷额度。但是，如果申请的信贷额度过高，一部分可用信贷额度从未被公司用到过，那么公司也要为这部分信贷额度支付一定费用。高额信贷额度会带来安全性，未使用的超额信贷会带来利息费用，因此，公司必须在这两者之间权衡，进而选择合适的信贷额度。

为便于理解，我们来看一个例子。假如一家公司预计在四月份出现 5 万美元的现金短缺，这次现金短缺预计会非常短暂，因此公司决定使用信贷额度来满足这一现金需求。尽管预计只会出现 5 万美元的现金短缺，但考虑到可能出现坏账、账款收回延迟、额外支出等情况，公司还是选择申请 10 000 美元的信贷额度。假设银行为已使用信贷额度收取 6% 的利息，未使用信贷额度收取 1.5% 的利息。如果由于短期现金需求，公司在四月份向银行贷款了 7 万美元，那么公司需要为这 7 万美元支付 350 美元（70 000 × 6%/12=350）的月利息，同时，为未使用的 3 万美元信贷额度支付 37.5 美元（30 000 × 1.5%/12）的利息。

债务契约

为提高债务人按时足额偿还债务的可能性，债权人通常会在贷款协议中设立几个条件，这些条件被看作契约。对创业者来说，充分了解基本契约非常重要，如果不注意债权人设立的条件，公司很可能会发生技术性违约。而技术性违约一旦发生，银行可能会将贷款转移到特定部门，从而增加这笔贷款的利率；银行也可能会要求公司立即偿还贷款，从而给公司带来清偿危机，致使公司破产倒闭。

最广泛使用的契约是财务契约。财务契约是针对财务报表上的特定项目而设立的。一般来说，财务契约会将公司负债限制在一个特定的水平，为公司股权水平设立最低限度，限制公司的债务资本比率，要求公司维持特定的流动性（流动性通常以流动比率衡量），或者要求公司维持一定的利息偿付比率。有些契约稍为笼统一些，会对公司提出一些基本要求，如保持良好的财务记录，定期提供财务报表，遵守法律法规，对抵押物进行维护等。有些契约则更具侵入性，对公司的营运起监管作用，可能会要求公司在做出类似于资本支出的营运决策前必须获得银行的批准。这类契约可能会阻止公司做出战略收购决策和投资决策，同时也可能会限制公司出售资产（即使资产已经无法投入使用）的权力。一些更常见的契约会限制公司支付股息，提前偿还次级债务，借入新的债务，以及签订类似债务的合同（如租赁合同）等。有的契约会要求公司在做出任何结构调整或者人事调整之前都要获得银行批准。

银行设立契约背后的动机是为了保证自己对借款人有足够的控制权，这样借款人：

- 不会做出价格过高的或者非核心的投资和收购，从而浪费银行提供的贷款；
- 不会因为支付次级债务和股息而缺少足够的现金向银行支付利息和本金；
- 不会再向新的债权人借款，从而出现多位债权人竞相争夺公司现金流的局面；
- 将始终保持足够的现金流量以按时支付利息和本金。

和银行签订贷款协议时，为了获得贷款，公司可能会答应银行提出的任意条款。而银行可能设立的条款是五花八门的，所以我们无法提供一份详尽的契约清单，但了解常见契约背后的动机可以帮助创业者更好地管理公司。

可转换债券

为创业公司提供贷款时，债权人承担了极大的风险。一般来说，相比现有公司而言，创业公司倒闭的可能性更大。创业公司的债权人所处的地位一点都不值得羡慕。如果创业公司经营不善，债权人可能会失去所有投资；但如果创业公司取得成功，债权人也最多只会得到自己的投资和利息，而不会从公司收益中分得一杯羹。所以，提供贷款时，债权人往往会向创业公司收取非常高的利率，以补偿自己为这笔投资承担的高风险。而创业公司由于缺乏资金，不得不接受这种高利率。但是，这种高利率会给公司带来难以承受的财务压力，还可能会推动公司走向失败。在这种情况下，公司可以通过发行可转换债券的方式来筹集资金。如果愿意，可转换债券的购买人可以在将来的某个时间将持有的债券转换成债券发行公司的股票，从而成为该公司的股东。如果公司将来获得成功，债权人可以选择成为公司股东获得分红；如果公司发展不好最终破产，公司资产将首先用来偿还负债，债权人可以在所有股东之前拿回自己的投资。可转换债券降低了债权人的整体风险，使得筹集所需资金对高风险创业公司成为可能，因此被广泛应用于创业筹资中。

优先债务、次级债务和创始人股份

我们经常能看到创业公司倒闭或者申请破产。倒闭或者破产后，创业公司的资产会被首先用来偿还债务人的借款。但是，公司的资产往往不够付清公司的负债和其他应付账款，如应付工资、水电费、应付给供应商的账款，更不用说偿还股东们的投资了，很少有股东能在公司倒闭或破产后收回自己的投资。至于哪一类债权人应该最先获得偿还，哪一类债权人应该稍后获得偿还，破产法律都有明确规定。显然，所有债权人都希望自己能排在其他人之前获得偿还，因为偿还排序越靠后，获得偿还的可能性越小，可能获得的偿还金额也越少。因此，债权人一般都选择提供优先债务，这样他们就能在公司破产清算时优先获得偿还。选择提供次级债务的债权人往往会收取更高的利息，因为他们承担的风险更高，更可能不会获得偿还。优先债务和次级债务的主要区别就在于偿还顺序的先后。

同样，在股权方面也分优先股股东和普通股股东。优先股股东在利润分红及剩余财产分配的权利方面优先于普通股股东。公司发行股票时，也可能会规定优先股股东在其他一些事项上同样享有优先权利。尽管一般来说，优先股股东不像普通股股东一样拥有投票权，但优先股股东可以被授予特殊投票权。创业公司的风险投资人和其他投资人往往会要求公司赋予优先股股东特殊投票权。有的公司将股份分为不同的等级，等级较高的股份，其持有人享有优先投票权。这一机制允许部分持股不多的股东拥有较大的投票权。比如说，仅持有公司 5% 股份的股东，将只获得 5% 的股息，但可能拥有 50% 甚至更高的投票权。创业公司的创始人如果非常看重自己对公司营运的控制权（如 Facebook 公司的扎克伯格），可以保留自己的创始人股份，从而拥有很高的投票权。

第 9 章

企业组织

在独自经营时，你一般不会想到要注册一家公司。其他人在和你打交道时，都希望你对你的行为负责，特别是当你的行为给他们带来损失的时候，也就是说你在法律约束下必须给受害者提供赔偿。在这种情况下，你可能不得不出售你的财产如房产或珠宝等。这种经营方式称作独资经营。在独资经营中，经营业主，也就是所有者，和企业是绑定在一起的。经营业主享有企业的所有利润，承担无限责任。这意味着如果经营过程中发生意外，业主将可能失去所有财产。

有限责任公司和股份有限公司

按照相关法律规定，允许个人注册有限责任公司，并以有限责任公司的名义开展业务。注册有限责任公司实际上是在创造一个新的法人实体，从法律上说，这个法人实体和它的创始人是分离的而不是绑定的，它享有单独的权利，履行单独的义务。按法律规定，有限责任公司有确切的注册资金，注册资金属于公司财产，和创始人的私人财产是分开的，且只能用于该公司的商业用途，创始人不得因私人事项挪用公司的注册资金。如果创始人能明确划分公司财产和私人财产，那么有限责任公司将对创始人起到保护作用，创始人出于公司需要而做出的行为不会为自己带来私人责任。如果经营得不顺利，公司发生亏损，创始人最多也只会失去公司的注册资金和经营利润，而私人财产包括银行私人账户里的存款都不会受到影响。之所以被称为有限责任公司，就是因为创始人所需负担的责任仅限于投入商业运营中的那笔资金。法律提供的这一工具非常重要，它保护了公司创始人将来的财务状况。

当两个或两个以上的人合伙经营但是并没有注册公司时，任何一位合伙人都要对其他合伙人的行为负责，还可能因此而蒙受损失。在这种情况下，最重要的显然是保护每位合伙人都不会因其他合伙人的行动而受到财产损失。比如说，如果某位合伙人以购置机器为借口拿走了公司的钱，实际上却将这笔钱花在赌场里了，那么其他合伙人都不会愿意为他的行为负责。依照相关法律，两个或两个以上的合伙人可以以股东身份共同注册有限责任公司。如果合伙人非常多，可以依照相关规定注册股份有限公司，股份有限公司和有限责任公司享有同样的保护政策。当然有限责任公司与股份有限公司还有许多区别，但这并不是本书想要去阐述的，有兴趣或有需求的时候可以很方便地在许多渠道查询到有关的细节。天使投资人和风险投资家只通过投资新的企业来获取收益，他们不愿意分担创业者的责任，因为他们可以失去的财产太多了，而一般来说，创业者可以失去的财产则很少。因此，初创公司的投资人不会轻易投资，除非他们的责任仅限于他们提供给公司的那笔投资，其他的私人财产不会受到影响。

公司法人人格否认制度

但是，有限责任公司提供的有限责任保护并不是绝对的。在某些情况下，股东被认定需要为公司的状况负责，这就是公司法人人格否认制度。法院可以判定股东需要对公司的债务负责，特别是当判定结果为一人有限责任公司的股东滥用责任保护机制，或者无法证明公司财产和他的私人财产相互独立没有混淆的时候。

有限责任公司的成立

在确定了公司股东后，就可以开始着手成立有限责任公司了。首先要做的是起草公司章程。公司章程是制定公司未来经营管理制度的文件，文件中必须包括公司名称、住所、经营范围、注册金额、股东姓名、每位股东的出资金额及出资形式、公司组织结构、包括执行董事在内的核心成员的职能、管理程序法规和公司法定代表人。公司章程需要全体股东签字确认，且需经过至少三分之二的股东的同意后才能更改。公司章程若有任何改动，需在公司登记机关处办理变更登记。

股东首次缴纳出资后，依法设立的验资机构进行验资并出具证明报告。接着，由全体股东共同委托的法定代理人向公司登记机关提交公司章程、验资报告及其他文件。法律规定，公司登记机关有义务向公众提供有关公司注册事宜的咨询服务，因此，需要时可以给它们打电话寻求帮助。

第 10 章

公司金融

基本概念

首先,我们来了解一个最基本的财务概念,大部分初次接触财务的人一开始都无法理解这个概念。

机会成本

举个例子,一位创业者自己有 5 万美元,他又以 10% 的年利率借了 5 万美元来创业。这就意味着他每年都需要为 5 万美元的贷款而支付 5 000 美元的利息。现在我们来看一个问题,这个创业者最少需要赚到多少钱才能收回资金成本。大多数人会说,他需要每年赚 5 000 美元。但是,这个答案是错误的。他们考虑到了贷款利息,但是没有考虑到这位创业者自己在创业上投资的 5 万美元。有的人可能想说,那 5 万美元是创业者自己的钱,因此他不需要向任何人支付这笔钱。但是,事实上,投入创业的每一笔钱都属于资本成本,无论这一笔钱是创业者自己拿出的还是借贷得到的。如果没有创业,创业者本可以将这 5 万美元投资在其他地方,还可以获得一些收益。对创业者来说,选择了创业就意味着放弃了这些收益。这些收益就是创业者投资 5 万美元创业的成本。这个概念叫作机会成本。在面临多种投资选择而最终选择了其中一种时,被舍弃的投资选项可能带来的最高利润就是机会成本。

同样的概念也适用于非货币性投资。如果创业者在创业过程中使用了自己拥有的一块土地，那么这块地目前的市场价值即为这块地的成本，不管创业者当初购买这块地时的价格是高于还是低于目前的市场价值。因为创业者可以选择出售这块地，并用售卖得到的钱赚取收益。一般来说，每件事情都存在机会成本。没有什么是免费的。从理论上讲，只有在你已经拥有了某件物品，该物品当前和以后都没有任何用处也不可用于交易时，才可以说这件物品没有任何价值。

通货膨胀

关于资本，有人可能会问起这个最基本的问题，为什么资本也有成本。答案有很多个，其中最简单也最明显的一个就是通货膨胀的存在。虽然我们所有人都希望自己有钱，但是我们真正感兴趣的并不是钱，而是可以用钱买到的东西（比如商品和服务）。比如说，你的朋友需要 1 000 美元，你想借钱给他，他承诺一年后归还这笔钱。你借钱给他的时候，一磅土豆的价格是 1 美元，但是一年后一磅土豆的价格变成了 1.10 美元。如果一年后你的朋友还给你 1 000 美元，你收回的钱的价值实际上没有你当初借出的钱的价值大。即使你的朋友还给你的正是当初你借给他的那笔钱（也就是说即使是出于某些奇怪的原因，你的朋友并没有使用那笔钱，在一年后把那笔钱原封不动地还给你了），你也没法用这笔钱购买当初的 1 000 美元所能购买的那么多土豆了。因此，如果不想让你承受损失，你的朋友就应该还给你 1 100 美元。这样你仍然能购买 1 000 磅土豆，正好是一年前 1 000 美元所能购买的土豆的数量。这意味着你的朋友需要支付给你 10% 的利息，以抵消商品在这期间 10% 的价格增长。

实际回报

尽管在很多情况下，通货膨胀都是资本成本的主要组成部分，但它并不是唯一的组成部分。其他的组成部分如实际回报和风险溢价也很重要。假设你有 1 000 美元，你可以用来度过一个愉快的假期，正如你一直希望的那样。如果有人想让你把这 1 000 美元借给他做生意，那么他就得提供一些好处来激励你将度假推迟一段时间，可能得推迟到一年后。假设由于通货膨胀，一年后的度假费用增加到 1 100 美元，那么根据前面所说的，你的朋友就应该答应还给你至少 1 100 美元，这样你才会考虑延迟度假而将钱借给他。如果你的朋友答应一年后还给你 1 175 美元，那么要是你选择先借钱给他而自己等一年再度假的话，你就可以用他还给你的钱再给自己买一块好手表。这里，额外的 75 美元是在通货膨胀的补偿之外的，这 75 美元才是实际回报。为什么人们想要实际回报呢？因为相比在将来进行消费而言，大家都更喜欢在现在进行消费。没有人知道在将来自己是否方便去进行消费，可能将来拿回钱的时候，我们已经达不到享受这一消费所需的能力要求、身体要求或者其他要求了。因此，要想说服一个人放弃当前的消费，我们必须给他提供一个更高层次的未来的消费。额外的未来消费就是资本的实际回报。

风险溢价

现在我们来看看风险溢价。为了解资本成本中的风险溢价部分，我们需要弄懂什么是风险。风险就是发生不利结果的概率。通常来说，人们更喜欢一个确定的结果，而且会努力避免不确定性，这就是所谓的风险规避。为了更好地解释这个概念，我们可以假设，你现在有 A 和 B 两个不同选项。在 A 选项中，你将要掷一枚硬币，如果硬币的背面朝上，你就要付给别人 5 美元；如果硬币的正面朝上，你将会得到 20 美元。而在 B 选项中不存在任何的不确定性，你一定会得到 5 美元。在这种情况下，大多数人会选择 B 选项。因为他们不喜欢 A 选项中存在的风险。如果掷硬币的结果是背面朝上，他们就会失去 5 美元。但是，理性地说，A 选项要更好一些。因为如果你选择 A 选项的次数为 100 次，在这 100 次中，结果可能是有 50 次是硬币背面朝上，50 次是硬币正面朝上。算下来掷一次硬币的平均预期收入是 7.5 美元，即 [50×(−5)+50×20]÷100=7.5，比选项 B 中的 5 美元要多。但是大多数人还是会选择 B 选项来避免风险。为了说服人们冒险，我们必须要给出一些额外的报酬。这种额外的报酬被称为风险溢价。

我们继续来看之前的那个例子。如果你有 1 000 美元，你想用这 1 000 美元去度假。前面已经说过，要是有人想你放弃度假而将这 1 000 美元借给他，那么他就必须承诺一年后还给你 1 175 美元。但是，现在我们来假设一下。如果你并不确定借款人有能力在一年后还给你 1 175 美元，你就会觉得有可能（虽然这种可能很小）借款人的生意会失败，然后你将无法收回你的借款。这时，借款人可能不得不承诺还给你 1 225 美元，才能说服你借钱给他。因为如果他不这么做，你会宁愿选择将钱借给其他你相信有能力还钱的人。由于风险的存在，借款人必须承诺多还给你 50 美元，即 1 225 美元 −1 175 美元 =50 美元，这额外的 50 美元就是风险溢价。

总结一下就是，现在找你借 1 000 美元的那个人，一年后必须还给你 1 225 美元，所以这笔借款的利息成本是 22.5%，即（1 225−1 000）÷1 000×100%=22.5%。这 22.5% 的利息中，10% 是通货膨胀的补偿，7.5% 是实际回报，5% 是风险溢价。这个例子给出的情景是你借钱给别人做生意。但是如果情景换成你以合伙人的身份给朋友的创业事业投资呢？在这个情景中，这 1 000 美元投资的资本成本更高。即使通货膨胀补偿和实际回报不变，风险溢价也会变。因为和借钱相比，投资时资本成本的风险水平发生了变化。相比借钱给别人的你，作为股权持有人的你可能更加收不回这笔钱。因此，在这个例子中，你借钱给别人创业的风险溢价为 5%，但是如果你以股权持有人的身份投资给同样的创业项目，那么你可能会要求一个更高的风险溢价，比如 10%。所以，这笔交易的股权成本是 27.5%，而不是债务成本的 22.5%。这正是股权成本通常高于债务成本的原因。

费雪效应

在讲实际回报的那个例子中，我们是根据具体货币单位进行计算的。如果用百分比来计算实际回报，情况会稍微复杂一些。还是用那个例子，在对方承诺一年后还款 1 175 美元的前提下，你借出 1 000 美元。假设通货膨胀率为 10%。在这一情景中，这笔借款的回报率为 17.5%，这 17.5% 为名义回报，其中 10% 为通货膨胀补偿率。我们可能会得出结论说剩下的 7.5% 是实际回报率，但这种说法实际上是错误的。真正的实际回报率比 7.5% 要稍微低一些。为什么呢？换一种思路来看，还是假设一磅土豆的价格现在是 1 美元，一年后是 1.1 美元。现在的 1 000 美元能购买 1 000 磅土豆，一年后的 1 175 美元能购买 1 068.18 磅土豆，也就是说一年后你能购买的土豆要比现在你能购买的多 6.8%，所以真正的实际回报率应该是 6.8%，而不是 7.5%，因为一年后的 75 美元所能购买的土豆比现在的 75 美元所能购买的土豆要少。因此在实际商品（我们真正关心的事物）方面，我们额外得到的只是 6.8%，虽然在钱方面，我们额外得到了 7.5%，这就是费雪效应。费雪效应的表达公式为：1+ 名义回报率 =（1+ 通货膨胀率）×（1+ 实际回报率）。

风险类型

进行投资时，投资人面临的风险有好几种。在本书中，我们不可能讲完所有的风险类型，但是可以挑一些重要的、创业者应该理解的风险来讨论。

市场风险和资产特定风险

在投资于某一具体企业时,总是有可能发生各种意外事件,如火灾、罢工、诉讼、关键人员离职、产品故障等。这些风险是特属于这家企业的,投资人可以为其中的某些风险购买保险,但是剩下的风险会成为企业运营的一部分,并为企业发展带来负担。这些风险被称为非系统性风险、资产特定风险或者企业特定风险。市场风险则是指不管在哪家企业中,投资人可能会因整体经济和所处行业中发生的事件而受到影响,这就是系统性风险。

利率风险和再投资风险

在做出任何投资时,投资人支付的价格都是基于当时市场上的利率。利率不只影响债权的必要收益率,还形成了股本回报率的基础。正如前面提到的,要想说服投资人放弃当前消费而选择将钱提供给别人,我们必须向投资人提供通货膨胀补偿和一些实际回报。通货膨胀补偿和实际回报共同构成了无风险利率。而所有投资的必要收益都是无风险利率和投资中固有的各类风险的溢价的总和。一旦做出投资,就总会存在利率上升的可能。而如果利率上升,投资的价值就会下降,从而给投资人带来损失。这种损失的风险称为利率风险。

如果想知道为什么利率上升会导致投资的价值下降,可以看看下面这个例子。如果你购买的投资一年后能给你带来100美元的现金流量。你做出这笔投资的时候,当时的利率是7%。考虑到与此投资相关的风险,你判定这笔投资的必要收益率应该为10%。因此,你决定投资90.91美元。如果一年后你得到100美元,那么这90.91美元的投资就获得了10%的收益,即$90.91 \times 1.10=100$。现在假设在你做出投资的第二天,利率上升到10%,从而导致投资的必要收益率上升到13%。如果你这时出售你的投资,那么你可能会得到 88.5 美元，即 100÷1.13=88.5。因为从你手上购买这笔投资的人期望从这笔交易中获得 13% 的回报，而要想获得 13% 的回报，他最多只会以 88.5% 的价格进行购买。仅仅一天之内，你的投资的价值就下降了 2.65%。发生这种情况的可能性被称为利率风险。

当然，既然存在利率上升的可能性，就一定存在利率下降的可能性。利率下降时，投资的价值上升。这通常来说是件好事，但也会让投资人处于新的困境之中。如果利率下降发生在投资将要成熟的时候，投资人会面临再投资风险。再投资风险是指由于做出初始投资后利率下降，投资人将初始投资带来的收益用于再投资时所得到的收益率要远低于之前的收益率。

流动性风险

在进行投资时，投资人希望他们将来能够在自己认为合适的时候出售自己的投资。但是，部分投资很难在短期内出售。可能发生的情况是，在投资人决定出售自己的投资时，其他投资人对这笔交易不怎么感兴趣，这样一来，最后成交的售价就不得不低于公平价格。这就叫作流动性风险。在货币市场上，主要货币如美元和欧元的流动性风险是最低的；同样，在股票市场上，大公司（在美国称为蓝筹公司）的流动性风险是最低的。反之，如果某种资产只能在世界上少数几家公司内使用，那么这种资产的流动性风险可能非常高，因为这种资产的潜在买方很少。

违约风险

违约风险是指公司可能无法履行其对债权人的义务。要记住的是，公司存在违约风险不是说公司不履行其对债权人的义务这件事情已经发生。如果由于财务状况恶化或者公司内部及行业内发生的事情，导致人们认为公司违约的可能性增加，那么仅仅是这种想法就足以给投资人带来损失。如果人们认为公司违约的可能性上升，投资的必要收益率上升，因此投资的价格会下降。如果你是资产持有者，那你就不得不以低得多的价格出售你的资产，否则别人不会愿意购买，因为你持有的资产被认为风险变高了。在违约风险增加的情况下，只有非常高的投资回报率才会吸引新的买方前来购买该项投资。

货币的时间价值

　　货币的时间价值可以说是金融学中最重要的概念。前面的部分已经解释了，如果有人向你借 1 000 美元并承诺说一年后还给你 1 000 美元，那么你实际上会受到损失，即使他还给你的钱正是你借给他的那些。也就是说，现在的 1 000 美元要比一年后的 1 000 美元价值更大。数额相同的两笔钱拥有的价值却不一样，这一点会带来很大麻烦。当一种情景中的 1 000 份物品和另一种情景中的 1 000 份同样的物品价值不一样的时候，就很难进行计算或者比较了。问题是，你的朋友一年后需要还多少钱给你，才能让你不因为帮助他而受到损失。在一生中，我们多次决定用现在的花费或投资换取将来的回报。如果我们无法找到一种方法来比较在不同的时间点的花费与收到的金额，就很难做出正确的决定，也很难判定所做出的决定正确与否。

　　在这一部分，我们将设计一种方法对不同时间点的现金流量进行比较，并建立不同时间点的现金流量间的等价性。即使今天的 1 000 美元和明天的 1 000 美元价值不同，但好在它们实际上通过利率这一概念有一定联系。如果你以 10% 的利率在银行存款 100 美元，你的行为表明，你无所谓是现在拥有 100 美元还是一年后拥有 110 美元。也就是说，对你来说，现在的 100 美元和一年后的 110 美元完全是一回事。一旦我们为个人或者公司建立了这种联系，就可以解决由货币的时间价值带来的复杂情况了，也能够做出正确的决定了。我们可以说，现在的 1 000 美元和一年后的 1 000 美元价值不同，但是和一年后的 1 100 美元价值相同。因此，现在找你借 1 000 美元的朋友应该在一年后还给你 1 100 美元，这样你收回的钱的价值才能和你现在借出的钱的价值一样。

复利、年利率和有效年利率

在上面的情景中，如果你的朋友希望借款期限为两年而不是一年，那么两年后他需要还给你多少钱？有人可能会说，借款一年需要多付 10% 的利息，那么借款两年就需要多付 20% 的利息。这种算法是错误的。原因如下。如果将今天的时间记为 t=0，一年后记为 t=1，以此类推。利率为每年 10%，所以 t=0 时的 1 000 美元等于 t=1 时的 1 100 美元。借款两年相当于，你的朋友在 t=1 时将本金和利息还给你，又在同一时间将返还的本金和利息再借走一年。所以真实的情况是，他在 t=1 时还给你 1 100 美元，同时又向你借走 1 100 美元，承诺说一年后再还钱。那 t=2 时，他必须在 1 100 美元借款的基础上多付 10%，也就是说他必须还给你 1 210 美元。现在，我们比较一下 t=2 时的 1 210 美元和 t=0 时的 1 000 美元，前者的数额相比后者多了 21% 而不是之前认为的 20%，这就是因为复利而导致的。复利是指贷款本身的利息在某个时间点成为本金，从而导致利率随时间推移逐渐上升。在这一例子中，t=1 时，由 10% 的利率产生的 100 美元的利息变成了本金，因此第二年的时候，你的朋友不仅要额外还给你 1 000 美元的 10%，还要额外还给你第一年产生的 100 美元利息的 10%。所以，他需要还给你的利息包括第一年的 100 美元和第二年的 110 美元，即（1 000+100）×10%=110。

在上面的例子中，利息在一年后变成本金。这种情况被称为年复利。但复利这一过程并不是只以年为单位发生。银行进一步发展了复利的概念，并采取其他的时间间隔如半年、季、月、日为计息期定期计算复利。如果你以 10% 的年利率向银行贷款 100 000 美元，每月计息一次，那么一年后你需要还给银行 104 713 美元，而不是 100 000 美元或者其他金额。正如你猜想的那样，你向银行贷款时，银行会采用较短的计息期；但是你在银行存款时，银行会采用较长的计息期。计息期由一年缩短到一天，也就是说银行从每年计息一次变成每天计息一次时，你最终支付给银行的利息会增加。在上面的例子中，即使银行强调说报价利率为 10%，你实际支付的利率可能是 10.47%。因为 10% 的报价利率指的是年利率。复利利率可能是日利率、月利率、季利率，或者将任何时间期间作为计息期来计算复利，但是年利率的定义表明它是以年为计息周期的。0.0274% 的日利率即为 10% 的年利率，即 0.0274%×365=10%，但实际上一年的利息为本金的 10.47%。这 10.47% 被称为有效年利率。现在我们来看看上面这些数字是如何得出的。

时间轴

首先要介绍的是计算货币的时间价值时常用的一个工具。在处理不同时间期间内的现金流量时，我们应该按如图 10-1 所示将它们绘在一条线上，这样就能够更好地将情景形象化。比如说，你的朋友告诉你，在接下来的五个月中，他会每月还给你 100 美元，然后在第六个月的月底还给你 200 美元。你想计算出你现在能借给他多少钱，在年利率为 12% 时。首先你要弄清楚的是，当前情况下的时间期间应该定为多长比较合适。本例中最小的相关期间为一个月，因为你的朋友每个月还钱一次。时间期间长度确定后，你需要计算每个时间期间内的利率。本例中年利率为 12%，也就是说月利率为 1%。最后一步是绘制一个如图 10-1 所示的时间轴，横线下方的数字代表时间期间。0 表示今天，1 表示第一个时间期间结束时，以此类推。横线上方的垂直线段代表正现金流，横线下方的垂直线段代表负现金流。你在将来会收到的钱为正现金流，而你今天借给朋友的钱会离开你的口袋，因此属于负现金流。为了方便形象化，这里，我们用较短的垂直线段表示较小的现金流量，较长的垂直线段表示较大的现金流量。

```
           100美元 100美元 100美元 100美元 100美元  200美元
     1%      |      |      |      |      |      |
     ────────┼──────┼──────┼──────┼──────┼──────┤
     0      1      2      3      4      5      6
     |
     |
     ?
```

图 10-1　未来 5 个月朋友还钱的时间轴

在上面的例子中，给出的利率是以年为单位的，但是我们选择以月作为相关期间，因为月比年短。现在我们为另一个不同的情景画一个时间轴。比如说，你已经以 12% 的利率向银行贷款了 1 000 美元，现在你想计算出五年后你需要还给银行多少钱才能结算这笔贷款。你画出的时间轴如图 10-2 所示。

```
                                              ?
                                              |
      12%                                     |
     ────────────────────────────────────────┤
     0      1      2      3      4           5
     |
     |
  1 000美元
```

图 10-2　5 年后还银行贷款的时间轴

需要注意的是，在这个例子中，我们选择的时间期间为一年。虽然现金流量发生在五年后，但给出的利率是以年为单位的，因此，我们需要选择相对较短的那个时间期间。如果某一周期内不发生现金流入或者流出，那么这一时间期间内的现金流量记为 0。因此，在图 10-2 中，第一个时间期间到第四个时间期间内的现金流量为0。

现值和未来值

现在，我们来看看实际计算过程和相关术语。货币时间价值的基本公式是 $FV=PV\times(1+r)t$，这也是我们在这一章中唯一会讲到的公式。因为在弄懂了这个公式背后的逻辑关系之后，你自然就能理解其他公式了。需要记住的是，不同时间期间内的货币金额没有直接可比性。因此，为了对它们进行处理，我们需要做一点转换。就像你有一个苹果、两个香蕉和五个橘子，有人想用一个菠萝来换取你的所有这些水果，你会怎么决定？你不能说八个水果换一个水果不划算，因为这些不同的水果没有直接可比性。一般来说你会从这些水果的价值方面进行思考。你可以说，一个苹果价值1美元，两个香蕉价值50美分，五个橘子价值1美元，所以这八个水果一共价值2.50美元。如果你认为一个菠萝的价值超过2.50美元，那你可能会觉得这笔交易很划算。

同样，如果一个情景中的现金流量发生在不同的时间期间内，我们可以将这些现金流量当作不同种类的水果来处理。为了能对这些现金流量进行加减计算，就像我们将不同的水果转换到一个共同的基础（以美元衡量的价值）上进行计算一样，我们需要对这些现金流量进行转换，从而让这些现金流量具有可比性。同一时间期间内的现金流量是可比的，我们可以对它们进行任何数学计算。所以，我们需要将不同时间期间内的现金流量转换为某一共同时间期间内的现金流量。上面的公式中，PV 指较早时间期间内的现金流量，FV 指较晚时间期间内的现金流量，r 指利率，t 指 PV 和 FV 之间相隔时间期间的数量。如果将这个公式放入一个例子中，我们就能更好地理解这些术语了。

我们继续用你以每年10%的利率借给你朋友1 000美元这个例子。上面已经说过，两年后你的朋友需要还给你1 210美元。现在我们代入公式，早期现金流量 FV 是你现在借出的钱，利率 r 是 10%，相隔时间期间 t 是 2，因为下一笔现金流量发生在两年后。一定要注意，这个例子中的相关期间为一年，因为给出的利率是每年 10%，所以 t 是以年为单位进行衡量的。我们需要计算出，两年后你的朋友需要还给你多少钱，才能让你收回钱的价值和你现在借出钱的价值一样。通过这个公式，我们可以计算出 $FV=1\,000\times(1+0.1)^2=1\,210$。所以在利率为每年 10% 的情况下，现在的 1 000 美元相当于两年后的 1 210 美元。

在熟悉了这个概念之后，我们就能用这个公式来回答诸如"两年前存在银行账户里的 1 000 美元现在变成了 1 210 美元，这段时间内的利率是多少"或者"利率为每年 10% 时，存在银行账户里的 1 000 美元什么时候能变成 1 210 美元"再或者"利率为每年 10% 时，要想两年后银行账户里有 1 210 美元，现在应该存进去多少钱"等问题了。在这几个问题中，每一个都给出了公式中的三个变量，需要求出第四个变量。如果需要求出的变量是 t，那计算过程就有点复杂了。这时，我们会放弃公式，改成使用 Excel 函数。Excel 函数会帮助我们解开公式，计算出答案。

年金和先付年金

现在再来看一个不同的情景。在过去的 12 个月中，每个月你都省下 100 美元并存入银行账户中，银行给出的利率是每年 12%，即每月 1%。这种情况下就需要以月为单位进行计算了，因为每个月都会有现金流量发生。你想知道到第 12 个月的月底时，你会有多少存款。如图 10-3 所示的时间轴可以用来作为参考。

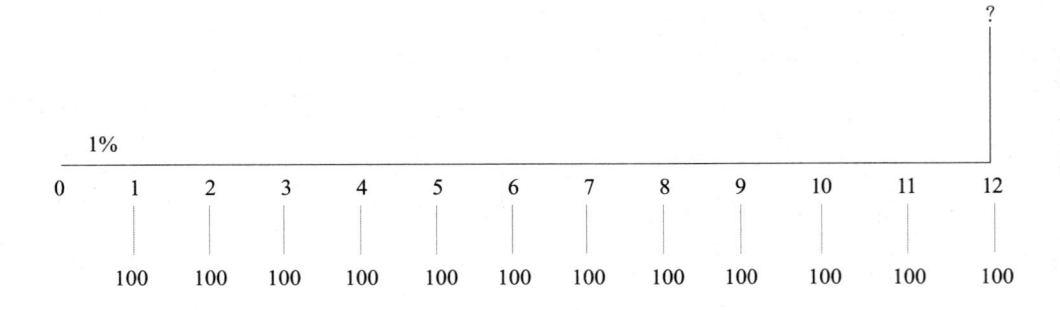

```
                                                                    ?
         1%
     0    1    2    3    4    5    6    7    8    9    10   11   12
          |    |    |    |    |    |    |    |    |    |    |    |
         100  100  100  100  100  100  100  100  100  100  100  100
```

图 10-3　每月存入银行 100 美元持续 12 个月的时间轴

有一种方法是将每笔支付款单独分析。从第一笔支付款开始，计算这笔支付款在 11 个月之后的 FV（这里 t 为 11 个月，因为第一笔支付款是在第 1 个月的月底存入的，而你查看存款总额是在第 12 个月的月底，也就是存入最后一笔支付款的时候）。之后再计算第二笔支付款在 10 个月之后的 FV，以此类推。计算出的所有 FV 就是 $t=12$ 时每笔支付款的金额。这些 FV 都存在于同一时间期间内，因此可以相加。最后得出的答案就是到第 12 个月的月底时，你的银行账户中的支付款总额。这个方法的计算步骤显然很复杂。可以用公式和 Excel 函数可来简化这些步骤。定期支付的等额的现金流量被称为年金，在货币的时间价值中也被称为支付款。我们来看看如何用 Excel 函数 FV（rate、nper、pmt、pv、type）解决这个情景中的问题吧。这里 FV 指未来值，rate 指利率，nper 指期间数，pmt 指支付款，pv 指现值，type 指支付类型。在这个例子中我们需要计算的是 $t=12$ 时所有支付款的总额，因此需要使用 FV 函数。这里利率（rate）为 1%。虽然给出的利率是每年 12%，但相关期间是月，因此我们需要用月利率而不是年利率。期间数（nper）为 12，因为一共支付了 12 次。支付款（pmt）为 −100，负号代表将钱存入银行账户，也就是支出。如果是收入，支付款就是正数。现值 PV 为 0，因为在最开始的时候也就是时间轴上的 $t=0$ 时没有现金流量发生。支付类型（type）为 0，代表现金流量发生在每个时间期间的期末。如果年金的现金流量发生在每个时间期间的期初，就叫作先付年金，这时 Excel 函数中类型的值为 1。

在这个例子中，计算第一笔支付款在第 12 个月月底时的金额时，计算公式应为 FV（0.01，11，0，-100，0）=111.57 美元。同样，第二笔支付款的计算结果为 110.46 美元。以此计算其他支付款的金额。最后，将所有计算结果相加，得到结果为 1 268.25 美元。在第 12 月月底，将第十二笔支付款存入银行后，你的银行账户里的总额就是 1 268.25 美元。或者，我们可以将计算过程再次简化到一步完成，即 FV（0.01，12，-100，0，0）=1 268.25。要注意的一点是，支付款为负数时，计算结果为正数；支付款为正数时，计算结果为负数。这意味着，如果你每次向银行支付 100 美元（钱离开你的口袋），你最终会一次性得到一笔钱；如果你每次从银行借款 100 美元（钱进入你的口袋），你最终需要一次性付清所有借款金额。

我们只完成了未来值 FV 的计算。为了阐述清楚，现在我们来计算一下类似情景中的其他变量吧：情景一，利率为每年 12% 时，要想在第 12 个月月底得到 2 000 美元，每个月需要存入多少钱？这里的计算公式应为支付款（0.01,12,0,2000,0）=157.70 美元，所以每个月需要存入大约 158 美元才能达到目标；情景二，利率为每年 12%，每个月存入 100 美元，一共存 12 个月，要想银行账户里的存款总额在第 12 个月月底时达到 2 000 美元，为达到这个目标，肯定需要在计时开始时即时间轴上的 t=0 时先往账户里存入一笔钱，那么应该存入多少呢？这里的计算公式应为 PV（0.01,12,-100,2000,0）=649.39 美元，所以应该今天存入 650 美元，以后每个月存入 100 美元，一共存 12 个月，如果利率为每年 12%，那么第 12 个月月底的时候，银行账户里的总额就能达到 2 000 美元了；情景三，你想存够 2 000 美元，但是你现在一分钱都没有，而且你以后每个月最多能存入 100 美元，如果利率为每年 12%，那么你需要存多少个月才能拥有 2 000 美元？这里的计算公式应为 nper（0.01，-100,0,2000,0）=18.32，所以 18.32 个月后，你的银行账户里就会有 2 000 美元了；情景四，你朋友每个月往银行账户里存入 100 美元，一共存了 12 个月，现在他的银行账户里有 1 300 美元，你想知道，银行提供给他的利率是多少？你需要用到的计算公式是 rate（12,-100,0,1300,0）=1.44%。所以银行提供给他的利率是每年 17.32%。

永续年金

永续年金是指无限期的收入或支出相等金额的年金，即一系列没有到期日的现金流量，也称永久年金。永续年金期限趋于无限，没有终止时间。处理这种情况要比我们想象的简单得多。举个例子，如果你中了大奖，奖金是每个月支付给你 100 美元，时间无期限。如果利率为每年 12%，那么你真正赢得了多少奖金？答案是 10 000 美元。计算永续年金价值的方法是用现金流除以周期利率，即（100/0.01）=10 000 美元。为什么要这样计算呢？可以按下面这个思路想，如果你在银行存入 10 000 美元，银行每个月付给你存款总额的 1%（也就是说年利率为 12%），那么只要你不取出这 10 000 美元的本金，你就能无期限地每个月得到 100 美元。所以现在拥有 10 000 美元和每个月无期限地得到 100 美元是一样的。

债务和股权

到现在为止，我们已经好几遍提到债务和股权这两个词了。我们可能已经大致理解了这两个词的意思，但还是需要进一步理解它们的现实意义。这两个词不仅被用在商务语境中，还经常被用在个人语境中。债务是指债务人有责任在现在或者将来的某个时间点偿还借款。如果债务人拒绝偿还，借钱给债务人的个人或者企业单位（即债权人）可以将债务人告上法庭，强迫债务人还钱。这时，债务人可能会被迫宣布破产或以资抵债。债权人面临着较低的未付款风险，因为他们可以在债务协议中制定能维护自身利益的条款，事实上他们也经常这么做。此外，法律规定，如果债务人破产或者资不抵债，债务人应该首先将借款偿还给债权人，然后才能向股东支付资金。这种安全保障也有不好的一面。如果债务人赚到了一大笔钱，这一大笔钱没有债权人的份，债权人只能得到自己的本金和利息。

股权是指个人或企业单位无需归还给任何人的资产或者资金。股东无权以将公司告上法庭的方式，来要求公司偿还其所投资的资本或索要投资回报。股东可以通过投票表决决定公司任何事宜，但少数股东不得强迫公司返还其股权资本。然而，仅仅是一位债权人就可以要求公司支付已到期的债务，并且可以以公司违约的理由将公司告上法庭。公司偿还完所有债务之后剩下的资产就是股权，股权属于公司和股东。股东面临的风险最高，因为一旦公司资不抵债或者破产，股东只能在债权人获得赔偿之后在才能提出索赔。但是，如果公司运营顺利，股东就能获得分红。

资本预算工具

前面已经说过，任何资本都是有成本的。因此，明智地使用资本非常重要。不管是将资本用于任何目的或者任何项目，都必须保证公司能因此而获得足够的利益，以抵消其中的资本成本。一开始的时候，创业者或者管理者往往会有好多个想做的项目，但是由于可用资本有限，只有少数几个项目可以进行。理性决策包括，在仔细分析每个项目的风险和潜在利益的基础上，从所有可用的项目中挑选出最合适的一个或者几个。在这种情形中经常使用到的决策工具有以下几种。

投资回收期

投资回收期是用得最多的资本预算工具之一。企业主往往会预估自己需要多长时间才能收回在项目上的投资。他们会制定一个截止期或者相信诸如"无法在三年内收回投资的项目是不可行的"等经验法则。比如说，如果一个项目需要 200 万美元的资金，预计第一年收回 25 万美元，第二年收回 50 万美元，第三年收回 100 万美元，第四年收回 100 万美元，那么这个项目的投资回收期是 3.25 年。在前三年，项目预计能收回 175 万美元；因为第四年预计收回 100 万美元，所以在第四年中项目需要三个月（也就是四分之一年）才能收回 200 万美元投资中剩下的 25 万美元。那么根据例子中所说的三年的截止期，如果将投资回收期作为资本预算工具，这个项目不会被采用。但是，投资回报期这一工具没有考虑到下面这些重要因素。

第一，投资回收期无视了所有发生在截止期之后的现金流量，因此即使第四年的现金流量预计高达 100 万美元，这个项目也会被拒绝。

第二，截止期的设定本质上是非常任意的，截止期的设定背后没有合理的逻辑支撑。

第三，投资回收期没有考虑到要对不同项目的风险水平进行评估分级。

第四，投资回收期认为截止期前的所有现金流量都具有一样的价值，它完全忽视了货币的时间价值。

但是，即使存在以上这些不足，投资回收期这一工具还是被广泛使用，因为它非常简洁。在判断是采用还是拒绝一个项目的时候，它给使用者提供了一个明确的答案。我建议大家不要使用这个工具。和投资回收期类似的工具还有好几个，但是被用来做财务决策时，它们都存在上面给出的四个不足中的一个或者多个，因此不会逐一分析。下面我们来看看一些更为稳健的预算工具。

净现值

净现值（NPV）是最被推崇的财务决策工具。假设现在将购买一袋大米视作一项投资。比如说，你得到一个机会，可以以 4 美元的价格买一袋 100kg 的大米，你应该选择购买吗？如果你认为一袋大米价值 5 美元，那你就应该买。买下这袋大米后，你的财富增加了 1 美元，因为你在这笔交易中得到的比付出的多 1 美元。事实上，只要这袋大米的价值不低于 4 美元，你应该买。但如果这袋大米的价值不到 4 美元，你就不应该买。因为你在交易中所付出的超过了一袋大米的价值。通过计算项目的净现值来做出决策时，使用的逻辑是一样的。净现值是项目的预计效益和项目实施所需成本之间的差额。净现值为正值，表明项目可以为公司创造价值，净现值为负值，表明项目会损害公司的价值。

在净现值的计算过程中，我们需要计算项目中所有现金流量的现值。成本被记为负现金流，收益被记为正现金流。项目现金流的风险调整资本成本被记为现值计算中的利率。计算出的所有现值的总额就是该项目的净现值。净现值为 0 或正值时，项目可以被接受；净现值为负值时，项目应该被拒绝。

我们还是通过例子来进一步了解净现值这个工具吧。AAA 公司计划向市场推出一个新产品。t=0 时新产品需要 200 万美元的初始投资。第一年，该项目预计收益 20 万美元，也就是预计产生 20 万的正现金流。在计算现金流时，除利息费用外，所有的现金收支都应计入。在接下来的几年中，正现金流分别为 50 万美元、80 万美元、100 万美元。项目一共执行四年。AAA 公司的加权平均资本成本为 12%。鉴于该项目的风险高于公司其他项目的平均成本，在计算净现值时贴现率由 2% 上调至 14%。该项目的时间轴如图 10-4 所示。

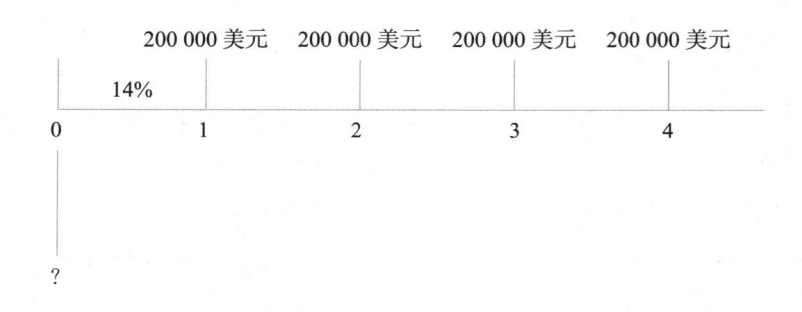

```
        200 000 美元   200 000 美元   200 000 美元   200 000 美元
   14%
0           1             2             3             4

?
```

图10-4　项目净现值的时间轴

接下来要计算的是 $t=1$ 到 $t=4$ 时发生的所有现金流在 $t=0$ 时的现值，计算公式为 npv（0.14,200 000,500 000,800 000,1 000 000）=1 692 230美元。项目的目前成本为200万美元，因此项目的净现值为（1 692 230-2 000 000）=-307 770美元。这意味着项目会给公司带来307 770美元的损失，所以公司应该拒绝采用这个项目。

在做财务决策时，净现值是人们首选的资本预算工具，因为它符合一个稳健的资本预算工具的所有要求。净现值考虑到了所有的现金流量、这些现金流量的风险性，以及货币的时间价值，同时它基于一个合理的前提，无需依赖那些任意制定的截止期。通过计算净现值，人们可以得到一个非常明确的建议，是接受还是拒绝这个项目。在货币条款的制定中，作为资本预算工具，净现值能带来一定的财务影响。

内部收益率

作为资本预算工具，净现值有很多优点，但并没有像我们期望的那样被广泛使用。原因是人们无法理解净现值的真正含义。如果一个员工告诉他的管理者说某个项目应该被采用，因为这个项目所需的初始投资为200万美元，净现值为2万美元，要是管理者不太能理解净现值为2万美元真正意味着什么，那这个员工的建议可能会被管理者否定。因为管理者可能会想，2万美元只是200万美元投资的百分之一，但是他没有意识到这2万美元代表的是减去包括风险调整资本成本在内的所有成本之后的超额收益。净现值是指在达到了公司实施项目时所期望的收益之后，该项目额外带来的收益。所以，项目的净现值为2万美元意味着不管公司期望的收益是多少，这个项目都能达到公司期望，并在这一基础上再多挣2万美元。然而，这么好的一个项目却可能仅仅因为管理者的误解而被拒绝。

为了避免产生这种误解，我们可以使用另一种叫作内部收益率（IRR）的工具。内部收益率指的是，在最低投资报酬率或资本成本的基础上，项目预期能达到的收益率。如果项目的内部收益率高于其风险调整资本成本，那么这个项目应该被采用。在上面的例子中，如果项目的风险调整资本成本是14%，要是员工给管理者说项目的内部收益率为15%，因此建议实施这一项目，那么管理者可能会认真考虑这个项目，而不是直接否定。企业主和管理者更倾向于考虑百分比。尽管内部收益率和净现值是基于同样的前提，但内部收益率以百分比来说明项目的优点。因此，用内部收益率来和企业主或管理者交流更加方便。从定义上来说，项目的内部收益率就是净现值等于0时的折现率。更具体地说，就好比对管理者来说，考虑到项目的风险特性，即使他们的最低投资报酬率是15%，他们也应该接受这个项目，但事实上，他们的最低投资报酬率是14%，所以他们无疑应该接受这个项目。

经过了上面的分析之后，有人可能会问，既然内部收益率和净现值得出的结论相似，且内部收益率还有一个额外的好处是易于交流，为什么被视为财务决策的黄金标准是净现值而不是内部收益率呢？答案是，只有在所有情景中都适用的工具才会被认为是优秀的。在大多数情况下，内部收益率和净现值得出的结论类似，但某些情况下内部收益率会崩溃。如果在初始投资后，项目还需要追加投资，那么这时内部收益率的计算结果就不可靠了。另外，在从两个互斥项目[①]中进行比较选择时，如果两个项目的适用范围不同，那么靠内部收益率得出的结论可能是错误的。直观地说，如果要从两个项目中进行选择，其中一个项目的投资金额为 200 万美元，投资回报率为 16%，另一个项目的投资金额为 1 万美元，投资回报率为 25%，那么选择投资回报率较低的第一个项目更为明智。但是如果用内部收益率作为决策工具，我们可能会选择回报率为 25% 的第二个项目，但第二个项目的总收益实际上要比第一个项目更低一些。在进行资本预算时，应该首先使用净现值这个工具，然后再用内部收益率去和管理者交流，前提是内部收益率得出的结论和净现值相同。如果计算内部收益率得出的结论和净现值得出的结论相反，那么我们就应该舍弃内部收益率而选择用净现值进行分析。

盈利指数

决策者往往需要从好几个项目中做出选择，根据这些项目的优点，每个项目都应该被接受，但是由于资金有限，决策者无法执行所有项目。在这种情况下，决策者应该选择那些最合算、能带来最大利益的项目。盈利指数是正现金流的现值与负现金流的现值之比。净现值为正值的项目，其盈利指数（PI）大于 1。盈利指数越高，项目获利越多。盈利指数反映的是，项目的每一美元投资能带来的预期收益的现值。

资本预算工具的隐患

尽管上面讨论到的这些资本预算工具被广为推荐，但我们还是需要了解这些工具的局限性。对工具的错误理解很容易会降低决策的安全性，从而导致灾难性的后果。首先，工具的好坏取决于使用这个工具的人。同一个工具，

---

① 互斥项目是指多个互相排斥，不能同时并存的方案，最终只有一个项目能够被接受并使用。

如果使用不当，就会造成很大损失。在使用得当的情况下，净现值会建议我们做出正确的选择，但如果在计算净现值的过程中引用了错误的数据，那得到的分析结果就不可靠了。在进行分析的过程中，我们往往会倾向于高估正现金流，并低估这些现金流的成本。对现金流风险的错误理解，也常常会导致折现率上调幅度不合适，无法真实反映项目的风险性。

敏感性分析和情景分析

为提高决策信心，分析师可以通过敏感性分析和情景分析来测试结果的稳健性。在敏感性分析中，我们需要观察项目的净现值是如何随某个假定条件的变化而变化的。比如说，你预估产品单价为 20 美元。预估单价变化 1% 将导致净现值变化 4% 或者 5%，这意味着你的分析对预估价格非常敏感；而预估租金或可变成本变化 1%，则对净现值的影响非常小。在这种情况下，你需要进行进一步的研究和分析，以确定你的假设在产品定价上的有效性。敏感性分析可以帮助确定那些在净现值分析中最为关键的变量，从而确保做出的决定是正确的。

敏感性分析非常有用，但它也有一个主要缺点。在测试净现值对一个变量的敏感性时，我们会假定其他的变量都保持不变。但在真实情况下，一个变量出错后，所有变量都会改变。如果产品在市场上的销售情形不佳，不仅是销售量达不到期望值，公司也将不得不降低产品售价。此外，公司还必须在销售和推广方面花费更多。所有这些因素都会在同一时间对产品价值产生负面影响。这时，我们就应该进行情景分析。和敏感性分析不同，情景分析分析的是在多个变量同时改变时，不同情景中的项目净现值的变化。情景分析可以帮助我们理解最好的情景、最可能发生的情景和最坏的情景中的项目价值。但即使是在这种分析中，分析师也还是会倾向于低估最坏的情景，从而导致在分析时过度自信，最终引发一个令人失望的结果。

营运资本

营运资本管理的重要性

很多创业企业的失败都是因为创业者没有认识到营运资本管理的重要性。在计划创业的时候，创业者常常会计算自己需要多少钱才能开展创业。他们会考虑到购买机器、雇用员工、支付租金等所需的投资，但是他们还是不能正确解释净营运资本的投资需要。净营运资本是指企业在日常运营中所需的净资本，用于维持货架上的库存商品、生产过程中的半成品和生产原材料，也用于提供赊销商品和维持银行账户内以备不时之需的存款金额。这些活动所需的钱属于企业资本，动用这笔钱会无可避免地损害到企业的正常运营和未来发展。这笔钱属于运营资本，是因为这笔钱是用在投资于企业的正常运营中的。而之所以被称为净营运资本，是因为这笔钱中的一部分是靠企业自身的营运提供的。在用于提供赊销商品的钱中，有一部分是来自于赊账购买原材料或其他服务。因此，创业者不需要筹集全部营运资本，只需要从债权人和股东那里筹到一部分营运资本就可以了。

例如，你计划生产和销售一些样式新颖的家具。你已经确定自己需要20万美元来购买机器，5万美元来租赁生产设施、办公设施和销售设施，2万美元来初次购买生产家具所需的木材和其他配件，4万美元来支付给员工第一个月的工资，4 000美元来支付第一个月的水电费和保险费。假设你还需要6 000美元的额外开支，那么你就能算出来自己需要32万美元来开展创业。你拿出自己的储蓄，从银行贷款了一些钱，又找朋友和家人借了一些钱，最终筹集到了32万美元。第一个月，你就生产出了第一批家具，这批家具甚至售出了50%。但是唯一的障碍是，购买这些家具的客户没有支付给你现金，按照行业惯例，他们享有180天的赊销期。现在你在第二个月准备做什么呢？你需要继续生产家具，保持营运和销售，还需要购买原材料，给员工发工资，支付租金、水电费、保险费和银行贷款的利息成本。你可能会以赊账的方式购买木材和其他原材料，但其他开支就没办法赊账了。在接下来的五个月中，你必须不停地投入资金，直到拿到第一个月的销售款。为了继续投入资金，你可能不得不以相对较高的利率再次向银行或其他企业申请短期贷款。

但是，你可能会认为这个问题只是短期存在，因为五个月后你就能偿还贷款，之后就不用为这个问题烦心了。这种想法是错误的。即使你在第六个月拿到了第一个月的销售款，你也无法还清短期贷款，因为你需要拿这笔钱来支付第七个月的生产费用和其他费用。此外，并不是所有的买方都会付款，更不是所有的买方都会按时付款，特别是当卖方是可以由他们摆布的新公司时。所以，即使是在一个很好的情景中，你的短期贷款和高利率所存在的时间也将比你预计的时间要长得多。如果计划得当，你本可以在最开始的时候就将这笔资金准备好，那时你可以选择可靠的融资来源，而不是现在的高利息短期贷款。

因此，接下来的部分中，我们会讨论一些资本营运管理工具，这些工具可以帮助你更好地制订融资计划。作为创业者，你必须证明，你从投资人那里寻求的每一分钱都是必不可少的，而下面这些工具会帮助你向投资人证明营运资本的必要性。即使是经验丰富的、更容易获得投资的企业，也需要有效管理自身的营运资本。管理不善会让企业营运资本的数额远多于企业真正所需的数额。投入企业的每一分钱都有其资本成本，且营运资本的低效使用不会提高企业的生产能力，所以营运资本管理不善会增加企业的营运成本，从而减少股东收益。

现金管理

所有企业都必须持有一定数额的现金用以偿还短期债务和支付意外开支。

没有哪家企业能完全预测未来的销售情况。销售情况不好时，企业可能没有足够的现金流入来抵消现金流出，所以，企业需要保持持有一些现金来偿还这段时期的债务。但是，如果持有的现金量太大，企业将持续承担这些现金的资本成本，这些现金也不会带来任何收益。因此，企业需要有效的现金管理来确定合适的现金持有量，以在维持企业的正常营运的同时，让这笔现金为企业带来最大的收益。在进行现金管理时，企业需要使用合适的方法来管理现金支付浮差和现金回收浮差。

你可能想过，既然有更好的转账方式，大企业为什么还要坚持给你邮寄支票。这是因为给你邮寄支票时，支票需要在路上花费几天时间才能到你手上，这几天的时间中，大企业还能继续赚取这笔钱的利息。企业通常会将支票上的邮戳日记为缴费日，但从付款人邮寄支票到收件人收到支票、将支票存入自己的账户并清算支票为止需要好几天的时间，这些步骤全部完成后，这笔账款才从付款人的账户转入收款人的账户。如果这笔账款的数额非常大，那么在这额外的几天中，这笔账款的使用权和产生的利息对付款人来说是很有意义的。企业邮寄支票时，账面现金余额立即减少，但银行存款余额不变，企业银行存款余额与企业账面现金余额的差额叫作现金支付浮差。同样，企业收到支票时，账面现金余额立即增加，但银行存款余额不变，企业账面现金余额与企业银行存款余额的差额叫作现金回收浮差。现金支付浮差与现金回收浮差之和称为净浮差。

企业的目标是最大限度地减少现金回收浮差，并最大限度地增加现金支付浮差。所以，企业会使用加锁信箱来加速现金回收的过程。加锁信箱是一种特殊的邮箱，银行会自动收回信箱中的支票并在当天将支票存入账户。加锁信箱往往设置在离客户很近的地方，用来减少花费在邮程和支票处理上的时间。另一种有效的方式是鼓励客户使用EFT（电子资金转账）进行付款。

在这种方式中，钱款在离开付款人的账户后立即进入企业的账户，不用花任何时间来邮寄和处理支票。

为了用销售所得的收入或其他来源的收入赚取收益，企业可以用有价证券来储存资金，直到企业需要使用这笔资金。有价证券包括货币市场共同基金、定期存款单、政府债券、企业债券和股票。货币市场工具流动性强，但收益较低；股票和企业债券收益较高，但面临的价值损失风险较高。企业必须根据自身的风险承受能力和流动性需求来决定合适的投资工具。

库存管理

维持库存是为了在客户需要的时候提供成品，在生产需要的时候提供原材料。如果没有合适的库存，企业可能会失去一位客户，客户会去企业的竞争对手那里购买产品，而一旦与竞争对手形成商业合作关系，客户可能再也不会回头找这家企业购买产品了。为了避免发生这种情况，企业需要保持大量库存来降低供应中断的可能性。但是，这种战略有一定风险。大量的库存不仅增加了营运资本需要和企业资本成本，还增加了储存费用、保险费用，以及产品损耗和报废带来的费用。库存很多时，企业需要为产品的存放承担租金和水电等费用，还需要安排人手来管理和维护产品，这样一来企业的人力成本也会上升。此外，随着时间的推移，市场发生改变，库存的产品可能会因过时而被淘汰，导致其价值大幅下降。最后，随着库存增加，产品损耗和报废所带来的损失也会增加。有些产品会挥发掉，有些产品的质量会降低。库存的产品也容易因盗窃、破损和管理不当而受到损失。即使库存被视为一种资产，但它可能很难在合理的时间期限内实现资产的公平价值。在清算库存时，产品的售价有时可能会大打折扣。因此，企业不应该将保持大量库存作为自己的主导战略，而是应该确定一个合适的库存量，以在库存管理成本和供应中断成本之间取得平衡。

为了最大限度地减少原材料和半成品的库存成本，一些企业选择采用准时制生产方式（即 JIT，又称无库存生产方式）。准时制生产方式指的是，企业在生产过程中需要哪些原材料时，就能立即拿到这些原材料。这种生产方式从理论上看是效率最高的，但实际上很难实现。为采用这种生产方式，必须保证生产设施和所有供应商的地理距离都非常近，且供应商都非常可靠。如果有一个供应商无法立即送货，或者运输货物的高速公路上发生了一起简单的交通事故，整个生产过程就会被叫停。因此，采用准时制生产方式的企业往往也会保持一定的库存量以防万一。

应收账款管理

从一笔销售成交开始，到卖方真正从买方那里收到现金为止，在这期间卖方账面上的销售额即为应收账款。卖方已经将商品交给了买方，商品不属于卖方了，但是卖方的银行账户里却没有收到资金，供卖方购买原材料继续生产。对企业来说，及时收回销售账款以维持营运非常重要。为了达成最早的几笔销售，创业者可能会忍不住答应所有条件。但是，这种做法可能会带来灾难性的后果。在收回销售账款前，销售量没有任何意义。创业者经常会发现，收回销售账款的难度不亚于使销售量达到第一。在同意买方赊账前，创业者应该注意看买方的信誉。信誉不仅仅指买方的支付能力，还包括买方的支付意愿。如果买方最后拒绝付款，创业者需要考虑大量的法律因素，并为提起诉讼做很多准备工作，才能成功收回账款。买方可能知道，创业者有限的时间和资源不会允许他完成这些催收工作，因此买方很可能利用这一点来延迟付款或者拒绝付款。

这并不是说创业者应该索性拒绝赊销。事实上，恰当的应收账款管理可以带来更高的销售量。创业者可以通过提供优厚的信贷条款来吸引买方选择自己而不是竞争对手。但是，优厚的信贷条款也会带来巨大的成本。如果行业惯例是以 60 天为赊销期，而你给客户提供的赊销期是 90 天，那么你的应收账款就会增加，比如说由原来的 100 万美元增加到 150 万美元。宽松的信贷条款带来的后果是，你的资本需求会相应地增加 50 万美元。

有时，创业者可以用保理的方式来收回应收账款。保理，全称保付代理，又称托收保付，是指创业者将自己的应收账款以折扣价卖给其他公司。买下这些应收账款的公司是专门从事账款催收工作的，因此能够更有效也更高效地收回账款。而另一方面，创业者能通过这种方式立刻获得现金，不用再费时费力地去催收。对创业者来说，能更快获得现金这一点非常重要，因为这减少了企业营运所需的资本。如果企业账面上的应收账款为 100 万美元，那么定期保理会帮助企业减少 100 万美元的资本投资，从而减少企业的资本成本。但是，保理业务本身的成本是非常高的。如果企业每 60 天保理一次，保理费用为应收账款的 2%（即企业以 9.8 折将应收账款卖给保理公司），那么企业实际上每年支付了 13%，即 $(1+2/98)^{365/60}-1$ 的资本利息。但是，这种支付也使得创业者不用再去筹集额外的资金来满足企业营运资本需求、抵消坏账和支付应收账款管理部门的人力成本。

北京阅想时代文化发展有限责任公司为中国人民大学出版社有限公司下属的商业新知事业部，致力于经管类优秀出版物（外版书为主）的策划及出版，主要涉及经济管理、金融、投资理财、心理学、成功励志、生活等出版领域，下设"阅想·商业""阅想·财富""阅想·新知""阅想·心理""阅想·生活"以及"阅想·人文"等多条产品线。致力于为国内商业人士提供涵盖先进、前沿的管理理念和思想的专业类图书和趋势类图书，同时也为满足商业人士的内心诉求，打造一系列提倡心理和生活健康的心理学图书和生活管理类图书。

阅想·商业

《精益创业：打造大公司的创新殖民地》
- 微软精益创业培训，湖南卫视专题报道，北大创业营推荐。
- 埃里克·莱斯精益创业理念的落地与实践。
- 帮助企业消除内部创新的"绊脚石"，释放企业创新创业的无限可能。

《啮合创业：在斯坦福学创业规划》
- 哈佛、斯坦福顶级学府、清华 x-lab 创新创业课教材。
- 首创创新创业啮合前行模型，超实用工具包，9大齿轮协调共进，助力创新创业，打造属于你的成功之路！

《凿开公司间的格栅：共享时代的联合办公》

- 随着科技和生活方式的改变，促使工作及创业正经历着工业革命以来前所未有的转型，适合创业者、自雇人群和新生代职场人工作需求的新型工作场所——联合办公空间在世界各国粲然崛起。
- 本书是中国联合办公领域第一家独角兽企业掌门人毛大庆倾心之作。
- 真格基金创始人徐小平、财经作家吴晓波、场景实验室创始人吴声、罗辑思维创始人罗振宇领衔推荐。

《创业融资：风投不会告诉你的那些事》

- 三位经验丰富的风投操盘手，深挖风投行业的秘密，分享经得起严酷现实考验的经验之作。
- 一本帮助中国创业者成功敲开风投大门的全流程实战指导书。
- 从商业计划、风投投资策略、公司估值到与风投谈判，手把手教你如何成功搞定风投。

《创业生存记：如何经营好一家初创企业》

- 这不是一本教创业者如何做产品的书，而是一本让初创企业生存下来的书。
- 从启动、融资到退出，美国麻省理工博士用自己的10年创业奋斗史、56条忠告手把手教初创者迈向成功创业之路。

图书在版编目（CIP）数据

为创业而生：写给创业者的创业书：干货版/（美）潘卡基·马斯卡拉（Pankaj Maskara），陈耿宣著.— 北京：中国人民大学出版社，2017.9
ISBN 978-7-300-24868-4

Ⅰ.①为… Ⅱ.①潘…②陈… Ⅲ.①创业-案例 Ⅳ.① F241.4

中国版本图书馆 CIP 数据核字（2017）第 199767 号

为创业而生：写给创业者的创业书（干货版）
[美] 潘卡基·马斯卡拉（Pankaj Maskara） 陈耿宣 著
Weichuangye Ersheng：Xiegei Chuangyezhe de Chuangyeshu（Ganhuoban）

出版发行	中国人民大学出版社		
社 址	北京中关村大街31号	邮政编码	100080
电 话	010-62511242（总编室）	010-62511770（质管部）	
	010-82501766（邮购部）	010-62514148（门市部）	
	010-62515195（发行公司）	010-62515275（盗版举报）	
网 址	http://www.crup.com.cn		
	http://www.ttrnet.com（人大教研网）		
经 销	新华书店		
印 刷	北京中印联印务有限公司		
规 格	170mm×230mm 16开本	版 次	2017年9月第1版
印 张	13.5 插页1	印 次	2018年3月第3次印刷
字 数	162 000	定 价	55.00元

版权所有　　侵权必究　　印装差错　　负责调换